教えと学びを考える

学習・発達論

岩田恵子

編著

玉川大学出版部

はじめに

　教育の場で生じていることについて，心理学の理論や知見を用いて考えていくことを目指したテキストの3冊目にあたる『教えと学びを考える学習・発達論』をお届けする。シリーズ1冊目の『教えと学びを考える教育心理学』，2冊目の『教えと学びを考える発達心理学』は，それぞれ心理学という学問を基盤に「教育」「発達」を考えるものであった。3冊目の本書は，「学習・発達論」というタイトルから，教育の場で生じていることを理論的に考える視点を広げ深めていくことを意識し，心理学から少し広げた学問も視野に入れながら「発達」「学習」「教育における育ちと学びを支える視点」の三部構成とした。

　本書のシリーズ名を「教えと学びを考える」としたのは，教職課程で学び，保育者や学校教員を目指す人の学びの手がかりとしてもらうだけではなく，保育・教育の場について考えたい人の手がかりになることを目指したいという意図があった。そこで，このテキストをもとに，ひとりで学修を進めるにあたって，助けになるように少し工夫を試みた。

　それは，事例をなるべく多くあげ，具体的な子どもたちの姿が浮かぶような研究を紹介することを意識したことである。これらの事例や研究を手がかりに，自分自身の子ども時代の体験を思い出したり，身近な子どもたちをよく見たりしてほしい。そして，これらの事例，研究，自らの体験を通して，子どもの学びや育ちのありようをより具体的に理解してほしいと願っている。各章末の課題も，この具体的な理解の手助けになるように工夫している。

　さらに，本書の構成は，2017（平成29）年11月に「教職課程コアカリキュラムの在り方に関する検討会」によって出された『教職課程コアカリキュラム』における「幼児，児童及び生徒の心身の発達及び学習の過程」に示されていることを参考にしている。このコアカリキュラムの全体目標には「幼児，児童及び生徒の心身の発達及び学習の過程について，基礎的な知識を身につけ，各発達段階における心理的特性を踏まえた学習活動を支える指導の基礎となる考え方を理解する」と示されている。実際に子どもたちとかかわる際の基礎的な知識を身につけるには，事実や理論を単に覚えることだけで

はなく，先ほど紹介した具体的な子どもの姿との対話が必要である。理論と実践を往復しながら，具体的な理解を進めていってもらいたい。

発達と学習の過程は，本書で紹介していくように関係的な出来事である。読者のみなさんが，保育や教育の場で子どもとかかわることは，子どもの発達と学習の過程とかかわることであると同時に，みなさん自身の発達と学習の過程でもある。そのような出来事に，考えながらかかわる手がかりになるような視点，子どもの声に聴き入り，子どもとともにおもしろがりながら学びを深めていくことができる視点を，本書で学んでくださることを願っている。

編者の本書への取り組みが予定より遅くなったなか，執筆者のみなさんにはそれぞれのご専門を活かした原稿をお寄せくださったことに心より感謝したい。また，刊行に間に合わせるように進めてくださった，玉川大学出版部の担当者のみなさんにも感謝したい。

2021 年 12 月

編者　岩田恵子

目　次

第1部
発　達

　第1部では発達について考えていく。第1章「発達とは何かを考える」においては，「発達」について，どのように捉えるかを検討する。

　第2章からは，発達をめぐって「身体と運動」「ことば」「認知」「遊び」「自己」の視点で検討していく。第2章「身体の発育と運動の発達」では，身体発育や運動の発達を学び，子どもたちの心身の健康づくりを支援する視点を学ぶ。第3章「ことばとコミュニケーションの発達」では，ことば，コミュニケーションの発達の不思議を味わい，発達を捉える視点を深めることができる。第4章「認知の発達」では，各年齢の子どもたちのわかり方を理解する。第5章「人とのかかわりにみる遊びの発達」では，子どもたちが人とのかかわりのなかでいかに遊んでいるかを味わう。さらに第6章「自己と自我の発達」では，エリクソンの理論と生涯から「わたし」をみる視点を豊かにしてほしい。

　発達は，これらの領域ごとに独立して発達していくのではなく，連関している。また，発達は「個」の出来事と捉えられがちであるが，かかわりのなかで生じていることでもある。そのような視点で，各章での学びを関連づけながら，発達についての理解を深めていってもらいたい。

第1章 | 発達とは何かを考える

本章では，発達とはどのような現象であるかを考える。人間の発達という現象をとらえるには，4つの時間軸からみると，その意味がみえてくる。この4つの時間軸，ヒトを他の生き物との違いから考えていく生物学的発達の視点，人がどのような社会，文化のなかで暮らし，その文化の背負う歴史のなかで暮らしているかという文化・歴史的発達の視点，一人の人が生まれ育つプロセスからみる個体発生的発達の視点，日々のこまやかなかかわりからみていく微視発生的発達の視点を紹介する。

キーワード
獲得と喪失　進化　歴史と文化　かかわりあい

第1節　発達とは何か

「発達」と聞いて，みなさんが思い浮かべることは，どのようなことだろうか。生まれたばかりの赤ちゃんが，大人なるまでのプロセスのことが思い浮かぶだろうか。さらに，赤ちゃんは，何ができて，何ができないのか，△歳の子どもは，何ができて，できないのか，ということがわかるようになることを期待しているだろうか。確かに，発達心理学にかかわる研究からは，そのような「子ども」の育ちの「ものさし」が理解できるようになることが期待されるだろう。

現在の発達心理学において，発達は「人間の受精から死に至るまでの心や行動の変化」と定義されている。この発達の定義で注目してもらいたいことのひとつは，発達は赤ちゃんや子どもだけにみられる現象ではなく，受精か

ら死までの，人生全体にわたる現象としてとらえられていることである。「発達心理学」は，心理学という新しい学問のなかでもさらに比較的新しいもので，以前は「児童心理学」「青年心理学」とよばれることが多かった分野である。つまり，研究の対象になる年齢を区切った心理学がそれぞれ存在していた。また「児童心理学」「青年心理学」という言葉に表れているように，主として大人になるまでの変化，すなわち大人になることが目標にあってそれに近づいていくプロセスを扱うことが多い分野であった。つまり，大人は完成したもの，変化しないものとしてイメージされ，一方で，子どもはその逆，つまり変化していくもの，未完成なものとして扱われていた。確かに生まれたばかりの赤ちゃんの発達，変化はとても大きい。けれども，人は大人になっても，生涯変わり続ける存在であり，そのことを視野に入れている学問が現在の発達心理学なのである。

　また，このように，発達をとらえる視野が人生全体にわたることによりみえてくる「変化」に対しての視点がある。それは，喪失や衰退も，発達という現象に含まれるということである。発達というと，身体が大きくなるような成長であったり，できなかったことができるようになる獲得であったり，進歩，向上にかかわることが思い浮かぶことが多いのではないだろうか。だが，発達という概念には，できていたことができなくなる喪失，あった機能が失われる衰退なども，重要な側面として含まれている。

　このように生涯を視野に入れることと獲得と喪失について述べると，乳幼児は成長，獲得していく存在，高齢者は喪失，衰退していく存在ととらえられるかもしれない。しかし，乳児であっても，できていたことができなくなることがある。たとえば，生後しばらくは，育っている環境で話されている言葉には含まれない音を発声したり，聞き分けたりすることができるが，生後1年たたないうちに育っている環境で話されていない言葉に関する音についてはあまり反応しなくなっていく。その一方で，育っている環境で話されている言葉に特化して，発声や聞き分けが敏感にできるようになっていく。このように発達という現象では，獲得と喪失ということが同時に進行している様子をみてとることができる。そして，発達という概念が指している時間的な変化には，量的なものだけではなく，質的な変化があることがわかる。

発達心理学は，時間の経過にともなって生じる，このような変化の過程と仕組み全体にアプローチするものである。ロシアの心理学者であるヴィゴツキー（Vygotsky, L. S.）は，人間の精神機能，行為の本質をとらえるためには，その起源と発生的な変化に注目する必要を主張した。そして，この発生的方法は，生物学的発達，文化・歴史的発達，個体発生的発達，微視発生的発達，それぞれの変化のメカニズムをみる必要を示唆している。本章では，この4つの時間軸に基づいて，さらに発達という現象を考えていくこととする。

第2節　生物学的発達の視点

（1）進化の視点

　ダーウィン（Darwin, C.）による自然淘汰による進化の理論をもとに，人間という存在を考える進化心理学という分野がある。ヒトという種の特殊性を明らかにするとともに，すべての生物に共通する進化の力学から統一的に理解する視点を得ることが目指されている。

　進化の過程というと，つい進歩と考えがちである。しかし，先ほど，発達の概念で獲得と喪失について触れたように，進化においても獲得と喪失は生じている。誤解されがちであるが，進化と進歩はイコールではなく，大きな身体の仕組みの変化が生じると，デメリットも生じる。

　ヒトの進化史で大きな出来事を簡単にみてみると，約700万年前に直立二足歩行が始まったといわれる。このきっかけは，地殻変動の影響で乾燥する土地が多くなり，それまで住んでいた森林からサバンナに住む環境が変わったことが大きいといわれている。チンパンジーなどの類人猿の祖先は，そのまま森林に住んでいたと考えられている。

　住む環境が変わったことで，食べ物も変化していく。犬歯が縮小，エナメル質が厚くなり，約260万年前には，石器の使用，道具製作が始まっている。また，約240万年前には脳容量の増大がみられ，約70万年前には火の使用，約7万5000年前にはシンボル表現，約4万年前に壁画にみられるように芸術，約1万年前に農耕が始まったと考えられている。

つまり，今の人間の人間らしい進化のスタートが二足歩行と考えられる。直立二足歩行のもたらしたものに，手が自由に使えるようになり，道具の製作と使用ができるようになったことがあげられる。また，長距離を効率よく歩くことができるようになったことで，住む地域が拡大した。さらに，二足歩行をきっかけに，大脳化が生じ，知能が発達した。咽喉が下がり，言葉が誕生したとも考えられている。

　しかし，二足歩行には，デメリットもあった。腰痛，胃下垂，脱腸，難産，起立性低血圧，貧血，足のむくみ，嚥下障害が起きることなどである。食道と気管を分けるところが喉頭であるが，それが下がっているので，むせてしまい嚥下障害が起きてしまうのだが，下がっていることにより豊かな音声が出せて言葉が豊かになってもいる（たとえば，チンパンジーは咽喉が下がっていないので，出せる音に限りがある）。

　つまり，進化における大きな変化にはメリットも大きいが，デメリットも生じる。人間の発達のプロセスのなかだけではなく，ヒトという存在が進化というプロセスのなかで得たものと失ったものがあることは注目に値する。

（2）二次的就巣性と生理的早産

　人間の発達的特徴を大型の動物，たとえば，シカやウマと比べるとみえてくるのは，歩き出すのが遅いことである。アドルフ・ポルトマン（Portmann, A.）は，大型の動物は，身を守るため，生まれてすぐ歩けることから離巣性，小型の動物，たとえば，ウサギやネコの赤ちゃんは，目も見えず，耳も聞こえない，成長するまで安全な巣にとどまることから就巣性と名付けた。

　そして，ヒトは，身体の大きさからみると大型の動物に近いにもかかわらず，歩き出すことを基準に他の動物と比べると，約1年早く生まれることから，「二次的就巣性」の特徴を持ち，「生理的早産」であるとした。生後1年間は，子宮外胎児期であるともいわれている。

　では，ヒトの赤ちゃんはなぜ未熟な状態で生まれてくるのだろうか。それは，赤ちゃんの頭が大きいからでもあり，産道が狭いからともとらえられている。いずれも進化の過程，二足歩行によってもたらされているところに，

身体の仕組みの不思議を感じる。

　また，ヒトの赤ちゃんが未熟な状態で生まれてくること，さらに大人になるまでにかかる時間が長いことは，ある意味で学習期間の延長となる。行動の可塑性が大きく，新しい環境へ適応することが可能になる。発達のプロセスで，赤ちゃんの音声にかかわる獲得と喪失を考えても，そのどのような環境で育っても適応することのできる力に注目することができる。また，このようなヒトの特徴が芸術，学術，スポーツ，ゲームなど多くのものからなる文化が生まれてきたもとであるととらえられる。

　一方，大人になるまでの期間が長いことは，学習期間が長くなるメリットだけではなく，ヒトの子育て期間が長く負担になるというデメリットもある。しかし，そのデメリットを補うかのように，ヒトの子育てには，アロマザリングという，子どもを取り巻く母以外の人の世話行動が多くみられることも研究されている。このアロマザリングは，動物全体でみるとわずかしかみられない。しかし，ヒトでは，広くみられるというところに，協力し合う子育てという，ヒトらしさをみてとることもできる。

　このように，ヒトという存在を考えるときに，生物学的視点は，多様な考察を生み出してくれる。

第3節　文化・歴史的発達の視点

（1）文化・歴史的な視点からみる発達

　人間の発達が，人類の歴史的発達と密接に結びついて発生することを，ヴィゴツキーとルリヤ（Luria, A. R.）が述べていることからみてみよう。

　　　現代の文化的な人間の行動は生物的進化の所産だけでも，児童期の発達の結果だけでもなく，歴史的発達の所産でもある。人類の歴史的発達の過程において変化し，発達したのは，人々の外的関係だけでも，人類と自然の関係だけでもなく，人間自身が変化し，発達し，彼の固有の本性が変化したのである。（ヴィゴツキー・ルリヤ，1987, p.59）

現代の私たちの行動のうち，たとえば，言語の使用を考えてみよう。世界にこれだけ多様な言語があるのは，ここでヴィゴツキーとルリヤが述べているように，他者とのかかわりや物とのかかわりが効果的になっていくように，人間自身が変化し，発達していくからではないだろうか。話すことができる生物学的基盤は同じであっても，どのような文化，環境のもとに生まれてくるかで，その人が話す言語は異なるのである。

（2）歴史的にみた「子ども」

　子どもという概念自体，産業革命以降にもたらされたものだというとらえ方もある。フランスの社会史家であったフィリップ・アリエス（Ariès, P.）は，ヨーロッパの中世から18世紀にわたる絵や墓碑銘，日誌，書簡を分析することによって，「子ども」という概念が昔から当然のようにあったのではなく，社会的に構成された概念であることを指摘した。現代の私たちの多くは，子どもとはかわいらしいもの，まだ幼いものとしてとらえる傾向がある。そのような意識や感情は，ずっと昔の人々から存在するものではなく，17世紀から18世紀にかけて，まず上流階級から発生し，19世紀半ば以降に階層にかかわらず共有されるものとなっていったことが，『〈子供〉の誕生——アンシャンレジーム期の子供と家族生活』という1960年に出版された著書において分析されている。

　このアリエスの研究に対して，検討した資料の偏りや，中世にも子どもの場があったということを指摘する批判的な研究も存在する。だが，子ども，大人，青年，老人，など私たちがあたりまえとみなしている年齢段階の区切りにともなう概念，それにともなう子どもに対しての気持ちや行為，そしてそれらを含んだ子ども観が，歴史的にみれば社会的状況にあわせて大きく変化していくことを念頭に置いておくことは，とても重要であると思われる。

（3）文化と発達

　原ひろ子の『子どもの文化人類学』では，カナダの北西部で，狩猟生活をしているヘヤー・インディアンの人々と 1961 年から 1963 年にかけて，のべ11 ヶ月一緒に暮らした経験，インドネシアのジャカルタに住むイスラム教徒ジャカルタ・アスリの人々を 1967 年から 1969 年にかけて調査した経験などから，それぞれの文化で生きる子どもたちの様子が生き生きと描き出されている。おそらく，それぞれの人々の暮らしは，このフィールドワークがなされた時期からかなり時を経て，現在では変化している部分もあると思われる。しかし，文化が異なれば子どもや発達をとらえる視点が異なること，そしてそれによって大人の子どもに対する対応が異なることを考えるために，原が，ヘヤー・インディアンとともに暮らしていたときのできごとを紹介しよう。

　　ある日こんなことがありました。
　　丸木小屋のかたわらのひと気のないところで，四歳四ヶ月の女の子が小さい斧をふりあげて，丸い丸太を割ろうとしているのです。
　　思わず私は，親かだれか子守りしている人がいるのかどうかと見まわしました。つぎの瞬間，「危ないッ」と叫びそうになりました。しかし，ハッと思い直し，じっと見守ることにしました。
　　そして，もうそのときには，斧はふりおろされ，丸太は見事に二つに割れていました。その子どもは，割れた木片を薪の山のあるところまで運んで積み重ね，ふたたび，小さい丸太をとり出してきて，二つに割ろうとするのです。もうそのころには，見ている私の心も落ち着き，感嘆の思いにひたりながら，その子の動作を見つめることができるようになっていました。(原，1979, p.10)

　このエピソードを読んでいると，つい一緒に「あぶない」と止めたくなる思いが芽生える。しかし，子どもはみごとに丸太を割った。ヘヤー・インディアンの大人は，子どもがナイフや斧を扱っていても，日本の私たちのよう

に，すぐにあぶないと止めたりナイフや斧に手が届かないように取り上げたりせずに，見守っている日常がある。

バーバラ・ロゴフ（Rogoff, B.）の『文化的営みとしての発達』という本の最初にも，コンゴ民主共和国のエフェの人々の間では，赤ちゃんたちが日ごろから安全に鉈を使っていることが紹介され，生後11ヶ月の赤ちゃんが鉈で上手に果物を割っている写真がのっている。

これらの文化の大人たちは，生活に必要な刃物を使おうとするとき，使わせないようにしたり，危ないと教えるよりも，まずは子ども自身がやってみることを見守るという姿勢のようである。もちろん，いよいよ危ないときは取り上げたりも，他に気持ちをそらせたりもするそうだが，基本的には子どもが小さいときから自分でナイフを使いこなすようにすることがあたりまえのこととして過ごしていることがみえる。そして，そのような眼差しのもと，子どもは，ナイフ，斧，のこぎり，と次第に親しみ，薪わりという生活の役にたつ作業に従事したり，カヌーの模型をつくったり，ウサギをとるわなを仕掛けたりするのである。ヘヤー・インディアンの子どもたちと日本の子どもたちは，ナイフや斧の扱いをめぐってまわりの人々の異なる見方に囲まれて，それぞれの文化の価値観にあうようなかたちで発達していく。

つまり，発達は，その人が暮らす文化の価値観，そして，その価値観のもとでのかかわりあいと深く結びついている。

（4）遺伝と環境

なぜそのように発達するのだろうかという説明を試みると，遺伝，すなわち成熟や生得性を重視する立場と，環境，経験を重視する立場がある。前節でみた生物学的な視点は遺伝要因としての働きが強く，また，本節でみてきたことは環境要因としての働きが強いといえるだろう。そのように整理すると，遺伝と環境のどちらかが発達を規定するというよりも，どちらもが発達を規定していると考える方が自然である。

行動遺伝学では，ひとつの受精卵に由来する遺伝子が100％等しい一卵性双生児と，同時に生まれたきょうだいと同じ遺伝子を50％共有する二卵性

双生児の類似性を統計的に比較することによって，遺伝要因と，共有されているもしくは共有されていない環境要因の相互作用の様子を描こうとしている。一卵性双生児の方が二卵性双生児よりも類似していることは遺伝要因の影響が強く，一卵性双生児でも完全に一致しないのは，共有されていない非共有環境要因の影響が強いということになる。

これまでの行動遺伝学の知見は，以下の3点にまとめられている。①あらゆる心理的形質の個人差は遺伝の影響を受けている，②共有環境の影響は無視できるほど小さい場合が多い，③個人差の源泉の多くは非共有環境による（安藤，2011）。つまり，発達は遺伝だけでも環境だけでも決まらず，両者の相互作用によって生じるのである。

行動遺伝学の知見には，パーソナリティ特性や知能に遺伝の影響が大きいとする結果がみられる。しかし，この遺伝要因の大きさにのみ着目することは，かつての優生学に陥る危険性がある。むしろ，ニスベット（Nisbett, R.E.）が述べているように，教育に携わるときの発達観としては，環境が知能の可能性に影響を及ぼす力に注目すること，そして学校や文化がその環境に影響を及ぼす役割を果たすことに注目することは大切である。

第4節　個体発生的発達の視点

（1）発達段階

発達にかかわる変化を考えたとき，一番思い浮かびやすいのは，この個体発生からみた変化である。発達心理学では，質的に異なる状態を発達段階という形で示すことが多い。現在では，その発達段階の区分としては「出生前期」（胎内にいる時期）「新生児期」（生後28日まで）「乳児期」（生後4週から1歳6ヶ月まで）「幼児期」（1歳6ヶ月から就学まで）「児童期」（小学生の時期）「青年期」（中学生から20歳代後半）「成人期」（30歳代から）「老年期」（65歳以上）が想定されることが多い。また，小学生後半から中学生を「思春期」，青年と老年のはざまを「中年期」とすることもあるが，その時期を設定するかも含めて研究者によって違いがみられる。

（2）発達の順序性

　また，個体の発達には，基本原理，順序性・方向性・連続性という原則がみられる（第2章で詳しく学ぶ）。

　ひとつめにあげられている発達の順序性は，一定の順序をたどって発達が進んでいくことである。この発達の順序性としてよく例にあげられるのは，生まれてから，二足歩行ができるようになるまでの運動発達である。首がすわる，両手で支えて座る，支えなしでお座りする，四つ這いする，つかまり立ちする，支えなしでひとりで立つ，ひとりで歩くなどといった一定のプロセスがみられる。発達が，基本的にある順序で現れることを発達の順序性と呼ぶ。ただし，この過程を進む速度には個人差がある。たとえば，四つ這いの時期が長い子どももいれば，短い子どももいる。また，おそらく身近な子どもの例を聞くとわかるように，ひとりで歩くようになる時期もかなり異なる。さらに，順序は絶対的なものでもなく，四つ這いをしないで歩き始める子どももいる。ある状態の次に，どのような状態で発達していくかという予測としての順序性を念頭におくことは，とくに小さい子どもとのかかわりあいの配慮として大切であるが，多様な個人差がみられることも，その子の発達を理解する上で重要な視点である。

（3）発達の領域相互の関連

　また，発達は，各側面，領域が相互に関連して進んでいくものである。発達の側面，領域とは，たとえば，身体，運動，認知，社会性，感情などである。これらの領域，側面ごとに発達が記述されることが多く，本書でもこの後の第2章から身体・運動，認知，言葉，遊び，自我などをキーワードに発達をみていくが，実際の発達は，これらの領域，側面が絡みあって進んでいくプロセスである。たとえば，四つ這いができるようになる子どもの様子を想像してみよう。四つ這いができるようになるきっかけとして，自分が手に取りたいものが動かなければ取れない位置にあるからこそ四つ這いがしたくなる様子，また，同じような年齢の仲間が四つ這いをして楽しそうにしてい

たからこそ四つ這いがしたくなる様子，などが思い浮かばないだろうか。つまり，ただ四つ這いのみの能力が単独で発達するのではなく，四つ這いをするということは，「あれを手に取りたい」と思ってモノを見る認知の能力の発達や，「四つ這いするとおもしろそう」といった社会性や感情の発達とも関連しているのである。つまり，身体的運動能力の発達は，社会性，感情，認知の発達にも影響を与え，さらにまた，身体的発達にも影響を与えるという形で密接に相互のかかわりあいを持っているのである。

第 5 節　微視発生的発達の視点

（1）マイクロアナリシス

　発達という現象は日々生じている。その変化をとらえることも，保育や教育の場で，子どもたちを理解しようとするときには大切な視点である。

　寝返りという行為について研究されたことをみてみよう。山本（2016）は，2 人の子どもの寝返りが始まるまでの行為を丁寧に分析している。分析対象の 1 人の子どもは，寝返りが 5 ヶ月後半にみられた。この時期にその子どもの寝返りが 12 回ビデオに収められていたが，それは全て左に向かうものであった。そして，その観察されたほとんどの寝返りで，まず体を反らせながら床を蹴り，そのあと足を前に振り出して，横になるまで大きく体を持ち上げていた。横になってから，なかなかうつ伏せになることができないのだが，全身を曲げて頭と足を前に振り出し，その後体を反らせるという一連の動作をおこなうことが多くあった。そして，体を曲げ，反る一連の動作をおこなった後，なんとかうつ伏せになり，頭を持ち上げていた。

　寝返りができる，とひとことでいえるが，子どもは，こんなに頑張って体を動かして，ようやく寝返りをしている。また，この寝返りの仕方にたどり着くまでには，この寝返りをするときに出てくる動きを，いろいろおこなっている様子も分析されている。

　観察された，もう 1 人の子どもの寝返りの仕方も，紹介しておこう。こちらの子どもは，4 ヶ月後半と 5 ヶ月前半に，それぞれ 1 回ずつ，寝返りが観

察されている。5ヶ月後半には，10回の寝返りが観察されているが，右に5回，左に5回で先ほどの子どもとは，ここから異なっている。そして，寝返りの仕方自体も異なる。この子どもは，寝返りをする際に，まず体を曲げて両足を持ち上げて横になることが多かった。そして，横になった体勢から首をかしげるようにして頭を持ち上げる。この動きは何度か繰り返されることがあり，同時に足を後ろに引くこともあった。そして，頭を持ち上げた後，うつ伏せになるまで体が前に倒れていって，寝返る。

このように寝返りというひとつの動作がなされる様子，そして，寝返りということが達成されるまでのプロセスを丁寧にみていくと，この子どもたちの，日々の自分の身体との対話がみえてくるように感じる。そして，子どもの何気ない行為の意味がみえてくると，子どもとの日々の行為に，丁寧に応じるかかわりあいの必要がみえてくる。

（2）二人称的かかわりあい

かかわりあいが発達をみる際に大切であることを指摘したのが，発達心理学者として赤ちゃんの発達を研究してきたレディ（Reddy, V.）である。

彼女は，自分の子どもを育ててみて驚き，研究のスタンスがすっかり変わったという。何に驚いたかというと，「赤ちゃんはほとんど生まれてすぐから，他者を『心をもつ人』として理解している」ということである（次のページの**コラム**参照）。赤ちゃんは，日常の生活のなかで，かかわりあう大人について気にかけ，そして，大人の期待，態度，興味などを読みとっている。

しかし，赤ちゃんが他者の「心」について，理解力が備わっているということについては，これまでの心理学研究ではまったく無視され，関心が寄せられていなかった。その理由は，「心理学では，科学の名のもとに，赤ちゃんを三人称的にみて，三人称的に扱ってきた」からである。

お母さんとして赤ちゃんとかかわりあったレディが気づいたのは，自分が赤ちゃんを「二人称的にみて，二人称的に扱っている」ということである。そして，さらに気づいたことは，赤ちゃん自身が，お母さんであるレディを，「二人称的にみて，二人称的に扱っている」ということである。

コラム　かかわりあおうとする赤ちゃん

　レディが，子どもとのかかわりあいの世界に気づいたエピソードを紹介しよう。

　　　6週間：……素敵な"おしゃべり"のやりとりの時間の間，シャミーニは
　ベッドに横たわり，私は彼女にかがみこんでいました。私は，自分の顔の動
　きを止めて，彼女を見続けながら，喜びの表情をうかべるが，全く動かない
　ようにしました。こうしたことに対しての彼女の反応は教科書通りですが，
　きわめて心をかき乱すような経験でした。彼女は，私を見続けて，ちょっと
　ほほえんだり声を出したりしました。そして，何の応答も得られないとまじ
　めな顔になり，ちょっと視線をそらすと，また私を見て，ほほえみ声をあげ
　ました。そしてまたまじめな顔になり，視線をそらしまた見てと，何回か繰
　り返しました。全部で30秒ほど続いたことだったに違いないのですが，も
　っと長く感じました。私は何も応じないことに耐えることができず，ほほえ
　みかけ，彼女に話しかけ，あやまるために抱きしめようとのりだしました。
　そのとき，彼女の顔はしわくちゃで，泣き出しました。私はショックを受け
　て，うろたえ，とてつもなく心を痛めました。彼女は本当に私のことを心配
　してくれていたのです！　この出来事は私の（研究者としての）自己意識か
　ら抜け出すよう強く揺さぶり，私がシャミーニの私との対話を真剣に取り上
　げるきっかけとなりました。彼女を理解するターニングポイント（転換点）
　でした。（レディ，2015, p.94）

　赤ちゃんが，お母さんのことを心配してくれていること，そのようにかかわり
あおうとしている存在であることが，人とのかかわりの原点である。そのように
かかわりあおうとする存在として子どもをみること，そしてそのような存在とし
ての子どもとかかわることを，この本を読みながら検討してほしい。

　日々の人とのかかわりあいが発達の基盤であり，そのようなかかわりあい
のなかで子どもの発達をみていくことが，子どもたちのかかわろうとする世
界をともに理解するまなざしにつながっていく。

■引用文献

アリエス，フィリップ『〈子供〉の誕生——アンシァン・レジーム期の子供と家族生活』杉山光信・杉山恵美子訳，みすず書房，1980 年，p.5

安藤寿康『遺伝マインド——遺伝子が織り成す行動と文化』有斐閣，2011 年

原ひろ子『子どもの文化人類学』晶文社，1979 年，p.10

奈良貴史『ヒトはなぜ難産なのか——お産からみる人類進化』岩波書店，2012 年

ニスベット，R.E.『頭のでき——決めるのは遺伝か，環境か』水谷淳訳，ダイヤモンド社，2010 年

レディ，V.『驚くべき乳幼児の心の世界——「二人称的アプローチ」から見えてくること』佐伯胖訳，ミネルヴァ書房，2015 年

ロゴフ，B.『文化的営みとしての発達——個人，世代，コミュニティ』當眞千賀子訳，新曜社，2006 年

田島信元「ヴィゴツキー理論の展開」東洋・繁多進・田島信元編『発達心理学ハンドブック』福村出版，1992 年，pp.114-137

ヴィゴツキー，L.S.・ルリヤ，A.R.『人間行動の発達過程——猿・原始人・子ども』（ヴィゴツキー著作選集 2），大井清吉・渡辺健二監訳，明治図書出版，1987 年

山本尚樹『個のダイナミクス——運動発達研究の源流と展開』金子書房，2016 年

■課題

1. 『幼稚園教育要領解説（平成 30 年 3 月）』『小学校学習指導要領（平成 29 年告示）解説 総則編』『中学校学習指導要領（平成 29 年告示）解説 総則編』のうち，自分の一番関心のあるものを選び，「発達」という言葉を検索し，どのような意味で使われているかを検討してみよう。

2. 自分の発達してきた道筋について，この章で学んだ「生物学的発達」「文化・歴史的発達」「個体発生的発達」「微視発生的発達」の視点から考えてみよう。

3. 子どもとかかわりあうときに考えておきたい発達の見方を整理してみよう。

■参考図書

小田亮・橋彌和秀・大坪庸介・平石界編『進化でわかる人間行動の事典』朝倉書店，2021 年

明和政子『ヒトの発達の謎を解く——胎児期から人類の未来まで』ちくま新書，2019 年

ロゴフ，B.『文化的営みとしての発達——個人，世代，コミュニティ』當眞千賀子訳，新曜社，2006 年

第2章 | 身体の発育と運動の発達

　子ども期は，身体の発育と心の発達が密接に関連しながら，著しい成長を
とげる時期である。とくに年齢が小さい場合は，身体発育が順調であるかど
うかが，身体の健康面だけでなく精神面の発達の指標にもなる。身長や体重
などの身体のサイズや臓器の重量が増大することを発育あるいは成長
（growth）という。これに対して，できなかったことができるようになるこ
と，たとえば言葉を話すことができるようになる，歩けるようになることな
どを発達（development）という。また，発育と発達とは相互に影響してい
て切り離すことは難しいため，発育と発達を合わせて発育・発達としたり，
成長と言い表す場合もある。さらに，生殖能力などの成人の機能を獲得する
ことを成熟（maturation）という。本章では，身体の発達という視点から，
growth としての身体発育，development のなかの運動機能発達，そして成
熟にかかわる思春期の発達についてとりあげることとする。

キーワード

成長曲線　発育スパート　二次性徴　粗大運動と微細運動　臨界期

第1節　身体発育

（1）身体発育の基本

発育・発達の原則

　発育・発達には，個体差がある，順序性・方向性・連続性がある，速度は
一定でない，臨界期がある，などの原則がある。個体差については，一人一
人の子どもによって，発育・発達の仕方が異なる。個性としてとらえること

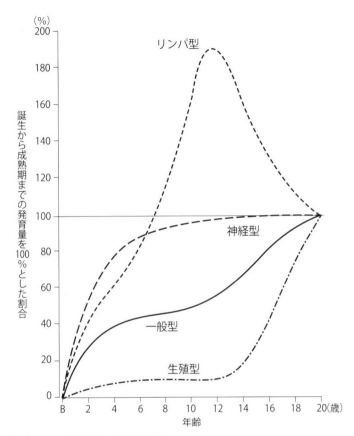

図 2-1　スキャモンの臓器別発育（重量）曲線

（高平編著，2021, p.33）

もできるが，標準値から大きく偏りがある場合は，支援・指導や介入・治療が必要になる。順序性・方向性・連続性・臨界期については，本章第 2 節「(1) 乳幼児期の運動能力」の「粗大運動と微細運動」に詳述したので参照されたい。

　速度については，スキャモンの発育曲線（**図 2-1**）に示したように，組織・器官によって成長スピードが異なる。たとえば，脳神経系は乳幼児期に成長速度が速く，生殖器系は思春期以降に成長するという特徴がある。

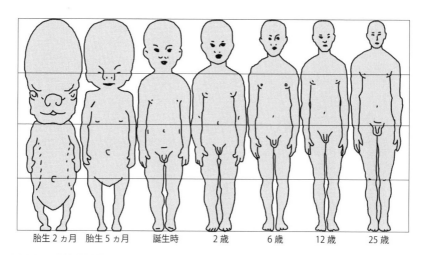

図 2-2　人の発育と体型

（五十嵐編，2011, p.22）

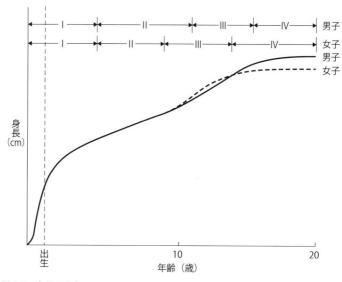

図 2-3　身長の発育

（高石他，1981, p.16）

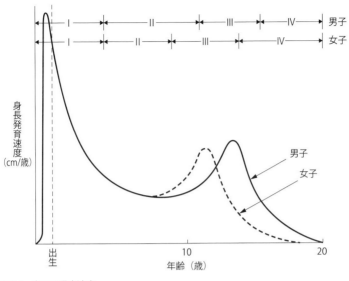

図 2-4　身長の発育速度

（高石他，1981, p.16）

身体発育の特徴

　胎児期から成人になるまで体型は変化する（**図 2-2**）。年齢が小さいほど，頭部，次いで体幹が相対的に大きく，四肢が短い。出生時は 4 頭身ほどであり，成人になると 7 頭身に近い体型になり，頭部や体幹部の占める割合が年齢とともに小さくなる。

　図 2-3・2-4 に身長の発育パターンを示したが，人間の身体発育には身長や体重が顕著に大きくなる発育急進期が 2 回みられることが特徴である。最初は胎児期から幼児期初期にかけて（**図 2-3・2-4** の I にあたる時期）であり，第一発育急進期とされる。この時期の発育速度は一生のうちでもっとも大きい。次は思春期前（**図 2-3・2-4** の III にあたる時期）であり，第二発育急進期とされる。また，この時期の身長や体重の急速な増加のことを発育スパート（思春期スパート）という。第二発育急進期には男女差があり，身長については，女子は 9 歳ころから増加速度が増し，10 ～ 11 歳ころにピークになる。一方，男子は 11 歳ころから増加速度が増し，12 ～ 13 歳ころにピークになる。

なお，これらの発育のパターンには個体差がある。

発育加速現象

　戦後の経済の発展や公衆衛生や栄養状態の改善にともない，わが国の子どもの発育値は年々増加を続けてきた。体格が良くなるとともに，発育スパートの時期も早期化がみられ，思春期発来年齢の低年齢化が進んできた。このような身体発育値そのものが時代とともに増加することや，速度のピークを迎える年齢が低年齢化することを，発育加速現象（発育促進現象）という。しかしながら，令和2年度の学校保健統計（文部科学省，2021）によると，各年齢の平均値は，身長は2001（平成13）年以降横ばい傾向，体重は2006（平成18）年以降横ばいもしくは減少傾向とされており，戦後続いてきた発育加速現象は21世紀に入りほぼ落ち着いたと考えられる。

生理機能の発達

　心拍数，呼吸数，血圧，体温をバイタルサインという（**表2-1**）。体温については，個人差や日内変動があるため，平熱と同じ時間・方法で計測して1℃以上高い場合を発熱とする場合が多い。なお，感染症法の医師の届出基準では，37.5℃以上を発熱，38℃以上を高熱と定義している。年齢が低いほど，新陳代謝が盛んである一方で，肺や心臓の機能が未熟であるため，1回の酸素交換量や拍出量が少なく，呼吸・脈拍数は多く，体温は高めである。また，子どもの血管壁は薄く，硬化が少ないため，血圧は低めである。

　体内の水分量は新生児80%，乳児70%，幼児～成人60%であり，年齢が

表2-1　生理機能の正常値

生理機能	乳児 （1歳未満）	幼児 （2～5歳）	学童 （5～12歳）	12歳以降
脈拍数（分）	110～160	95～140	80～120	60～100
呼吸数（分）	30～40	25～30	20～25	15～20
収縮期血圧 （mmHg）	70～90	80～100	90～110	100～120

（マイアル他，2018, p.6-7）

低いほど体重あたりの必要水分量や不感蒸泄量（呼気や皮膚から排出される水分）が多く，腎臓の尿濃縮機能が未熟であるため，水分不足や脱水になりやすい。

（2）身体発育の評価法

標準値との比較

　もっとも一般的な評価法は，ある年齢の計測値を，性別年齢別標準値と比較する方法である。身体発育値の標準値には，就学前は厚生労働省の「乳幼児身体発育調査」[1]，学童期以降（5〜17歳）については文部科学省の「学校保健統計調査」[2] を用いる。乳幼児身体発育調査では，パーセンタイル[3] により，学校保健統計調査では平均値により，結果が公表されている。パーセンタイルの場合は 97 パーセンタイルを超えるもの，平均値による比較の場合は＋2 標準偏差（SD: standard deviation）以上の場合，あるいは 3 パーセンタイル未満，－2 標準偏差以下を発育の偏りとみなすが，医師による診察や精密健診を待たずに安易に発育異常と判断しないようにする。

体格指数

　身長と体重の比から体格を評価する方法である。BMI（body mass index）が代表的で，体重（kg）/ 身長^2(m) で算出される。乳幼児の場合はカウプ指数ともいわれる。成人の場合は，BMI25 以上を肥満，18.5 未満をやせとする一定の基準値があるが，子どもの BMI は年齢とともに標準値が変化するため，絶対値では判断せず，性別年齢別の BMI パーセンタイル値で判断する。

肥満度

　標準体重[4] に対して実測体重がどれくらい多いか（もしくは少ないか）を割合で示した数値であり，**表 2-2** の計算式により算出される。肥満度の判定基準は，幼児の場合は 15％以上を肥満，－15％以下をやせ，小学生以上は 20％以上を肥満傾向，－20％以下をやせ傾向と判定する（**表 2-3**）。

表 2-2　肥満度の計算式

$$\text{肥満度（\%）} = \frac{\text{（実測体重－標準体重）}}{\text{標準体重}} \times 100$$

表 2-3　肥満度に基づく判定

肥満度		幼児	小学生以上
＋50％以上		ふとりすぎ（重度肥満）	肥満傾向（高度肥満）
＋30％以上	＋50％未満		肥満傾向（中等度肥満）
＋20％以上	＋30％未満	ややふとりすぎ（中等度肥満）	肥満傾向（軽度肥満）
＋15％以上	＋20％未満	ふとりぎみ（軽度肥満）	
－15％超	＋15％未満	ふつう（標準）	普通
－20％超	－15％以下	やせ（軽度やせ）	
－20％以下	－30％超	やせすぎ（重度やせ）	やせ傾向（やせ）
	－30％以下		やせ傾向（高度やせ）

（幼児については，日本小児医療保健協議会，2019, p.11，小学生については，日本学校保健会，2015, p.22）

成長曲線

　身体発育の時間的な経緯をふまえ縦断的な評価をおこなう方法が成長曲線による評価である。成長曲線は，乳幼児については，母子健康手帳に発育曲線として掲載されており，1948（昭和23）年から活用されている。学校では，2014（平成26）年に公布された「学校保健安全法施行規則の一部を改正する省令」において，「児童生徒等の発育評価にあたっては，身長曲線・体重曲線を積極的に活用すること」とされており，学校における児童生徒の発育評価や健康管理にも活用が推進されている。成長曲線を描くことにより，一人ひとりの身体発育の特徴を可視的にとらえることができるため，肥満ややせなどの栄養状態の評価や，低身長，高身長，摂食障害，思春期早発症[5] などの判断のための有意義な情報を得ることができる。また，児童生徒や保護者にとっても理解しやすく，健康教育や保健指導に有用である（**図 2-5**）。

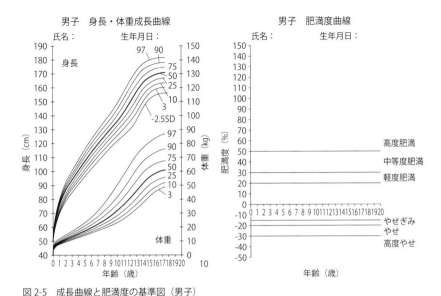

図 2-5　成長曲線と肥満度の基準図（男子）

（日本学校保健会，2015, p.68）

（3）発達のステージによる特徴

胎児期

　受精してから出生するまでを胎児期という。約 1mmの受精卵は約 10 ヶ月間で約 50cmの胎児に成長することになり，その発育速度は人間の一生の中で最大であり，発育・発達にとって大変重要な時期といえる。とくに，妊娠初期は器官形成期であり，この時期の胎内環境は発育・発達に大きく影響する。たとえば，母体が妊娠高血圧症候群などの疾患にかかることによる胎盤機能の低下や，放射線や化学物質（薬剤，喫煙，アルコール），あるいはウイルスなどによる感染症に曝露されることにより，発育遅滞や先天的な健康障害につながることがあるため，母子の健康管理に配慮が必要である。

乳児期

　生後 1 年間を乳児期といい，乳児期の最初の 28 日を新生児期という。胎

児期には，子宮内の羊水のなかで守られ，胎児循環という血液の流れにより，酸素や栄養素はすべて胎盤から供給されていたのに対し，新生児期には，酸素供給は肺呼吸による肺循環へ，栄養は哺乳による補給へと変化する。さらに，外気温に合わせた体温調節も必要となる。つまり，新生児期は胎外環境に適応するために生理的に劇的な変化を遂げる時期といえる。生後1週間で体重が6〜10%減少する生理的体重減少もみられる。

　乳児期は胎児期に引き続き発育・発達の速度が速く，約3kgの出生時体重は，生後3ヶ月で約6kg（2倍），1歳時には約9kg（3倍）となり，約50cmの出生時身長は1歳時に約75cm（1.5倍）となる。また，1日の生理的なリズムであるサーカディアン・リズムも生後16週ほどで周期が24時間となり，昼夜の区別がつくようになる。

幼児期

　満1歳から就学前までを幼児期という。幼児期後半になると成長速度がゆるやかになり，体型もほっそりとしてくる。体脂肪に着目すると，乳児期に増加した体脂肪が幼児期前半にかけて減少し，再び幼児期後半から成人期に向けて脂肪蓄積が始まるアディポシティ・リバウンド（AR: Adiposity Rebound）という現象がみられる。体格指数であるBMI（乳幼児期はカウプ指数ともいわれる）の値でみると，出生から乳児期後半にかけて増加し，その後はいったん低下して6歳前後で最低値となり，再び上昇して成人値に達するという変化がみられる。ARが早いほど将来肥満になりやすく，2型糖尿病や心筋梗塞などの生活習慣病を発症するリスクが高くなるとされているため，幼児期には肥満予防への配慮が重要であり，十分な身体活動や規則正しい生活リズムが望まれる。世界保健機関（WHO）の乳幼児期の身体活動に関するガイドライン（WHO, 2019）によると，3〜4歳の幼児の場合，1日当たり中程度から強度の身体活動60分を含んだ身体活動を180分以上，規則正しい就寝・起床時間，10〜13時間の質の良い睡眠時間，そしてスクリーンタイム（テレビ，コンピューター・スマートフォン・タブレットなどを使用する時間）は60分以内が推奨されている。

学童期

　学童期は幼児期と思春期の間であり，その始まりは小学校就学時である。終了期については，思春期との明確な境界を定義することは難しいが，小学生の期間とすると，後半は思春期と重複することになる。義務教育期間という意味で，小学生と中学生を合わせて学齢期というとらえ方をする場合もある。学童期の発育に関しては比較的安定した時期となる。また，死亡率も低く，一生のうちでもっとも命を落とすリスクが低い時期でもある。

　発育のパターンでみると（図2-3・2-4），学童期前半は幼児期後半に引き続き，成長速度が遅くなる時期である。しかしながら学童期後半になると，身長や体重が急速に増加しはじめ，発育曲線の上昇傾向が著しくなり，第二発育急進期を迎える。

思春期

　学童期と青年期をつなぐ発達のステージである思春期は，身長や体重が急速に増加するとともに，内分泌機能の変化により二次性徴[6]の出現に続き，初経や精通がみられ，性成熟が進む時期である。学童期と違って，思春期を学齢で区分することは難しいが，日本産婦人科学会は思春期を「女性においては第2次性徴出現から初経を経て月経周期がほぼ順調になるまでの期間をいう。年齢的には8〜9歳ころから17〜18歳ころまでの間で，乳房発育に始まり，陰毛発生，身長増加，初経発来で完成する」と定義している（日本産婦人科医会「思春期とは」）。

　思春期には身体面の急激な変化と並行して，精神的な変化も大きく，心理的・情緒的に不安定になる時期でもある。英語で思春期に相当する言葉にはpubertyとadolescenceがある。pubertyは二次性徴の始まりから性機能が完成するまでをさすのに対して，adolescenceは，思春期から青年期までを含み，身体的変化だけでなく，精神的，社会的に成熟して成人期に至るまでの期間をさし，過渡期と訳されることもある。思春期については，第3節で詳しくとりあげることとする。

青年期

　青年期は，思春期の後に続き，精神的・経済的に自立する成人期の前の時期である。死亡率は，10代後半から20代にかけて上昇が認められ，死亡原因の1位は自殺となり，次いで不慮の事故，悪性新生物が多くなる。この時期には，思春期のような急速な身体発育はみられなくなる一方で，性の成熟がさらに進み，女子については，一般的に年齢とともに月経周期は規則的になるが，月経不順，月経前症候群[7]（PMS: premenstrual syndrome），月経困難症[8]等による月経関連症状で悩みを抱える場合もある。ストレスなど心の状態が関係していることも多いので，青年期の身体的問題についても，心身両面からの支援が必要となる。

第2節　運動機能発達

　ガラヒュー（Gallshue, 1982）は，運動発達について4つの段階を経ていくとし，その発達段階と年齢の関係を**図2-7**に示した。誕生から1歳ころまで「反射的な運動の段階」，3歳ころまで「初歩的な運動の段階」，10歳ころまで「基礎的な運動の段階」，10歳以降「専門的な運動の段階」である。

（1）乳幼児期の運動能力

原始反射

　乳児期は，大脳の機能が未発達のため反射運動が中心である。反射とは刺激に対して無意識のうちに反応を示すことをいうが，新生児期にしかみられない特有の反射を原始反射または新生児反射という。自らの意思を伴う随意運動が発達すると徐々に消えていき，3ヶ月ころから10ヶ月ころで消失する。反射が出現すべきときに出現しない，あるいは消失すべき時期に消失しない場合は，筋肉や神経などの異常の可能性がある。原始反射には，モロー反射，手掌把握反射，非対称性緊張性頸反射，哺乳反射，歩行反射，足底把握反射などがある（**表2-4**）。

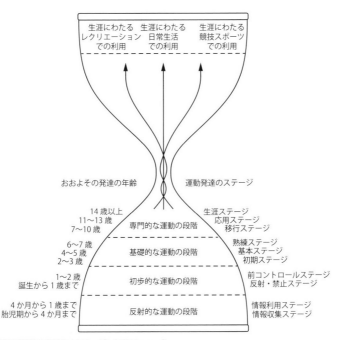

図 2-7　運動発達の段階とステージ（ガラヒュー）

（ガラヒュー著，杉原監訳, 1999, p.69）

表 2-4　主な原始反射

反射名	特　徴	出現する時期	消失する時期
モロー反射	突然大きな音がした時，体が急に傾いた時など，とっさに両手を大きく開く。	出生時	生後 3 ～ 4 ヶ月ころ
手掌把握反射	手のひらにものが触れるとぎゅっと握り締める。	出生時	生後 3 ～ 4 ヶ月ころ
非対称緊張性頸反射	頭が一方の側に向けられた時に，向けられた側の腕や足が伸びて逆側の腕や足が曲がる。	生後 1 ヶ月ころ	生後 4 ヶ月ころ
哺乳反射（探索・吸啜反射）	出生後すぐに母乳やミルクが飲めるのは哺乳に関する一連の反射による。口で乳首や指をくわえ，それを吸う動き。	出生時	生後 4 ～ 7 ヶ月ころ
歩行反射（自動歩行）	足の裏が平面に触れると，足を交互に動かして歩いているような動作をする。	出生時	生後 2 ～ 4 ヶ月ころ
足底把握反射	足の裏にものが触れると，足指も含めて内側に曲がる。	出生時	生後 10 ヶ月ころ

粗大運動と微細運動

　出生後の運動機能の発達は順序良く連続して進んでいく（**図 2-8**）。全身を使って大きく動かす粗大運動は「頭部から尾部へ」，手や指を使った細かい動作を必要とする微細運動は「中心部から末梢へ」向かう。発育・発達の特徴には，順序性，方向性，臨界期などがある（**表 2-5**）。

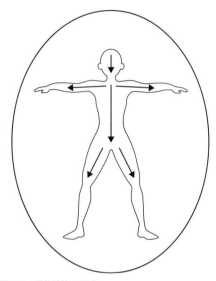

図 2-8　運動機能の発達

（宮下編著，2018, p.34）

　乳幼児の運動機能経過率を**図 2-9** に示した。まず 3 〜 4 ヶ月ころに「首のすわり」を経て頭部が安定してくる。6 〜 7 ヶ月ころに「ねがえり」が可能になり，徐々に「ひとりすわり」「はいはい」「つかまり立ち」ができるようになり，1 歳前後には「ひとり歩き」が可能になる。平成 12 年度調査に比べて，平成 22 年度調査はやや遅くなっている。

　原始反射の消失に伴い，受動的な運動から能動的な運動へと変化していく。

表 2-5　発育・発達の特徴

順序性	身体の発育は個人差があるが，遺伝的にほぼ一定に決まった順序でおおよそ同じ時期に同様の発育をする。※首のすわり→ひとり歩きの順序で連続して進む（図 2-9）
方向性	頭を動かすことから徐々に身体の下方面の部位が動くようになる（頭部から尾部へ），脊柱を中心とした部分から手足の末端方面に動くようになる（中心部から抹消へ）。運動そのものは全体を動かす粗大運動から，手先を使うような細やかな微細運動ができるようになる。感覚器官の発達は，乳児は目で見るだけ，やがて見たものに手を届かせる，見たものの方に足を使って移動して手に取るようになる（近位から遠位へ）
臨界期	発達過程において，その時期を過ぎるとある行動の学習が成立しなくなる限界の時期（最適な時期）がある。その時期をどのような環境で過ごしたかということが，その能力を獲得するために重要となる。

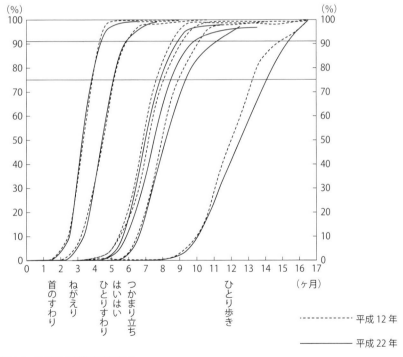

図 2-9　乳幼児の運動機能通過率

（厚生労働省「平成 22 年乳幼児身体発育調査」）

（2）幼児期から学童期の運動発達

幼児期

　幼児期に遊びを中心とする身体活動を十分におこなうことは，多様な動きを身につけるだけでなく，心肺機能や骨形成にも寄与するなど，生涯にわたって健康を維持したり，何ごとにも積極的に取り組む意欲を育んだりするなど，豊かな人生を送るための基盤づくりとなる。とくに幼児期に運動習慣を身につけると，身体の諸機能における発達が促されることにより，生涯にわたる健康的で活動的な生活習慣の形成にも役立つ可能性が高くなる。

　先に示したスキャモンの発育曲線（**図2-1**）はリンパ型，神経型，一般型，生殖型の4つのカテゴリに分けられ，20歳を100％として表している。幼児期は脳神経系の発達が著しく，5〜6歳ころには90％の成長を遂げることから，運動の動きを覚えて基礎をつくる時期である。動きの獲得に適していることから，この時期にリズム感や器用さなどの多様な動きを身につけることが重要である。

　幼児期は生涯にわたって必要な多くの運動の基となる多様な動きを幅広く獲得する非常に大切な時期である。動きの獲得には「動きの多様化」と「動きの洗練化」がある。動きの多様化とは，年齢とともに獲得する動きが増大することである。幼児期に獲得したい基本的動作は84種類（体育科学センター，1980）あり，立つ，立ち上がる，かがむ，しゃがむ，寝る，寝転ぶ，回る，転がるなどの姿勢変化や平衡動作ができるようになり，上下動作，水平動作，回転動作などの移動動作や荷重動作，脱荷重動作，補捉動作，攻撃的動作など，用具を使用し複雑な操作動作が可能になる。また，動きの洗練化とは，年齢とともに基本的な動きの運動の仕方（動作様式）が上達することである。幼児期に身につけておきたい動きのモデルとして，「36の基本的な動き」があり，これらは遊びや生活を通して培われていく（**図2-10**）。

学童期

　スキャモンの発育曲線（**図2-1**）では，学童期に神経型がほぼ100％に達する。脳神経系の発達が著しい幼児期から学童期にかけて，動きの獲得にもっ

<　姿勢の変化や安定性を伴う9つの動作＞

立つ　　組む　　乗る　　逆立ち　　渡る　　起きる　ぶら下がる　浮く　　回る

<　重心の移動を伴う9つの動作＞

走る　　登る　　歩く　　跳ねる　　泳ぐ　　跳ぶ　　くぐる　　滑る　　はう

<人や物を操作する18の動作＞

持つ　　支える　　運ぶ　　押す　　当てる　　掘る　　蹴る　　押さえる　　捕る

振る　　こぐ　　渡す　　投げる　　倒する　　引く　　打つ　　つかむ　　積む

図 2-10　36 の基本的な動き

（宮下編著，2019, p.29）

とも適した時期である。運動の技術を即座に習得できる時期であることから，スポーツの複雑，高度な技術もすぐに覚えることができる。学童期は様々な遊びを中心とした運動・スポーツを経験し，基礎的な体力や運動能力を身につけることが必要である。学童期後期（9～13歳）はゴールデンエイジと呼ばれ，もっとも運動能力が伸びる時期であることから，高度な技術を習得してスキルを伸ばす時期である。また，松田ら（2021）の研究によると，児童期に運動をすることで，脳内ネットワークの最適化が促進され，後年の認知機能の維持・増進につながると報告されている。

　第二発育急進期前の学童期後期から思春期は一般型（身長・体重・骨格や筋など）の成長が著しく，持久力の獲得に適している。青年期は筋力やパワーといった能力の習得が最適な時期になることから，筋力や体力を伸ばすトレーニングに適している。もっとも効率よく習得できる最適な時期（臨界期）を理解しておきたい。

（3）運動遊びや身体活動の重要性

　乳幼児期から学童期にかけて，心身の発達が著しい時期であり，幼児期前期（1〜3歳）は身体や運動面が著しく発達する。この時期は，歩行開始の運動から走る，跳ぶなどの身体を大きく動かす動作（粗大運動）ができるようになる。同時に細かい手指の動作（微細運動）が可能になり，上半身を使った運動も多様な動きが多くなってくる。幼児期後期（3〜6歳）は発達した心身が協調的に働き始める時期である。縄跳びやボールを蹴る・つくなどの組み合わせの動きができるようになる。子どもの運動発達の進む方向はほぼ決まっており，運動機能の発達を理解し，年齢に見合った運動遊びや身体活動を日頃の生活のなかに取り入れることが望まれる。

　幼児期運動指針（文部科学省，2012）では，幼児期における運動遊びの意義を以下に示している。①体力・運動能力の基礎を培う。②丈夫で健康な体になる。③意欲的に取り組む心が育まれる。④協調性やコミュニケーション能力が育つ。⑤認知的能力の発達にも効果がある。

　近年，子どもの遊び場不足，少子化による遊び仲間の不足，塾や習い事等による遊び時間の減少など，身体を動かして遊ぶ機会が減少している。令和元年度体力・運動能力調査においても小・中学生の男女ともに前年度より低い数値であった。

　幼児期からの望ましい運動・生活習慣づくりは，生涯にわたって必要とされる体力や運動習慣，また健康の基礎を培う上で重要な意味を持っていることから，大人は運動遊びの環境を整えることや子どもの発達を見守る姿勢が大切である。

第3節　思春期の発達

（1）内分泌機能の発達

　思春期に始まる性の成熟を調整しているのは，間脳・脳下垂体・性腺の内分泌機能による。**図2-11** に示したように，間脳視床下部から分泌されるゴ

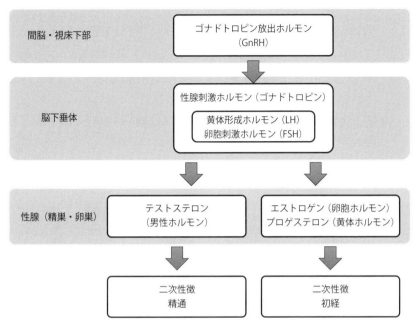

図 2-11　思春期のホルモン分泌

ナドトロピン放出ホルモン（GnRH: gonadotropin releasing hormone）の刺激により
脳下垂体からゴナドトロピン（gonadotropin）である黄体形成ホルモン（LH:
luteinizing hormone）と卵胞刺激ホルモン（FSH: follicle stimulating hormone）が分泌
され，それらの刺激により性腺（男子：精巣，女子：卵巣）から男子では男性
ホルモン（テストステロン），女子では女性ホルモン（エストロゲンやプロゲス
テロン）が分泌され，二次性徴が発現・成熟する。

（2）性の発達

　二次性徴と発育スパートの発現は並行して認められるため，身体発育の状
況を注意深く観察することにより，性的な成熟を見極め，思春期の始まりを
把握することができる。二次性徴の発現や成熟は，男子は精巣・陰茎・陰
嚢・発毛，女子は乳房や発毛の変化で判断するが（注5参照），同時に体つき

の変化も認められ，男子は筋肉が発達し，変声がみられ，女子は脂肪が増し丸みを帯びた体型になる。

　さらに，性腺の成熟にともない，女子は月経が始まり（初経），男子は射精が可能となる（精通）。前述（第1節（1）の「発育加速現象」）のように，戦後から20世紀後半にかけてみられた発育加速現象の一環として，性的な成熟である二次性徴や初経・精通についても早期化傾向が認められた。たとえば平均初経年齢は明治・大正期は15歳であったのに対し，昭和以降低年齢化が進み，近年は12歳前後とされており（日比野，2013），12歳で半数が，13〜14歳で9割が初経を迎えている（日本性教育協会編，2019）。なお，男子の精通については，女子の初経年齢に比べて1〜2年遅いとされる。

（3）思春期に配慮すべきこと

　思春期にみられる身体的な変化や性的な成熟は個人差が大きく，子どもたちは同級生の友だちと自分を比較して，様々な悩みを抱えることもある。また，心理的発達面ではアイデンティティを確立する時期でもあるため，身体的な変化をふまえた上で，性自認（自分の性をどのようにとらえるか）や性的指向（性的な関心の対象）についても，再認識することになる。教員や保育者は，身体発育や性的な成熟における個人差や性の多様性を考慮して思春期の子どもたちに接する必要がある。

　思春期に発症しやすい疾患の一つに，神経性食欲不振症や神経性多食症などの摂食障害がある。神経性食欲不振症の発症には14歳ころと18歳以降の2つのピークがあり，9割は女子とされている（五十嵐編，2011，p.969）。急激な体重減少や無月経とともに，肥満することへの強い恐怖心やボディイメージの歪みが特徴である。腫瘍や内分泌・代謝にかかわる器質的な疾患や精神疾患などが原因の場合もあるが，友だちからの体型についての言葉かけがきっかけになったり，やせを礼讃する社会的な風潮なども背景にあるとされる。国民健康・栄養調査（厚生労働省，2020）によると，20代女性の2割がやせすぎ（BMI<18.5）であり，若い女性のやせ願望が強いことも報告されている。思春期のやせ願望が妊娠・出産期に持ち越されると，生まれてくる子どもの

発育や成人期以降の健康にも影響することが明らかにされてきている。次世代の健康のためにも，思春期に不健康やせを予防し，適切なボディイメージを持てるような健康教育が求められる。

■注

1) 0 〜 6 歳を対象として，厚生労働省により昭和 35（1960）年から，10 年ごとに実施されている。母子健康手帳の乳幼児身体発育曲線の基礎データにもなっている。最新の調査は 2010（平成 22）年である（厚生労働省，2011）。

2) 5 〜 17 歳を対象として，文部科学省により明治 33（1900）年から，毎年実施されている（文部科学省，学校保健統計調査参照）。

3) パーセンタイル値は，集団のなかで小さい方から何 % 目に該当する値であるかを示している。身長や体重などの身体計測値は，集団の分布は正規分布を示さないため，平均値より正確に分布を表せるパーセンタイル値を用いる。学校保健安全法で推奨されている成長曲線による評価においても，パーセンタイルが用いられている（図 2-5 参照）。

4) 標準体重は，年齢別・性別・身長別により算定される。幼児については乳幼児身体発育調査，小学生以上は学校保健統計調査，いずれも 2000 年のデータを基準値として，表 2-6, 2-7 に示した計算式により求められる。計算式を Excel 等に組み込んだソフト（日本小児内分泌学会，成長評価用計算ファイル）（村田，2015）も開発され，公開・販売されている。これらのソフトでは，年齢，性別，身長，体重等を入力すれば肥満度や成長曲線が出力されるため，保育や学校現場で活用できる。

表 2-6　幼児（1 歳以上 6 歳未満）の標準体重

男児	$0.00206X^2 - 0.1166X + 6.5273$
女児	$0.00249X^2 - 0.1858X + 9.0360$

対象となる身長：70cm 以上 120cm 未満
標準体重（kg），X：身長（cm）
（日本小児医療保健協議会，2019，p.11）

表 2-7　身長別標準体重を求める係数と計算式

身長別標準体重（kg）= a ×実測身長（cm）− b

係数\年齢	男 a	男 b	女 a	女 b
5	0.386	23.699	0.377	22.750
6	0.461	32.382	0.458	32.079
7	0.513	38.878	0.508	38.367
8	0.592	48.804	0.561	45.006
9	0.687	61.390	0.652	56.992
10	0.752	70.461	0.730	68.091
11	0.782	75.106	0.803	78.846
12	0.783	75.642	0.796	76.934

係数\年齢	男 a	男 b	女 a	女 b
13	0.815	81.348	0.655	54.234
14	0.832	83.695	0.594	43.264
15	0.766	70.989	0.560	37.002
16	0.656	51.822	0.578	39.057
17	0.672	53.642	0.598	42.339

（日本学校保健会，2015，p.22）

5) 思春期の性的な成熟が通常より早く開始し，早期に身体発育が完成してしまう疾患。身長の伸びが少なく，小柄のままで身長が止まってしまうことや，幼い年齢で乳房・陰毛，月経などが発現するために，本人や周囲が戸惑う心理社会的な問題が生じることがある。診断基準は，男子では 9 歳までに陰茎・陰嚢・精巣の発育，10 歳までに陰毛発生，11 歳までに腋毛や髭の発生や変声が見られるなどの場合，女子では 7 歳 6 ヶ月までに乳房の発育，8 歳までに陰毛発生，10 歳 6 ヶ月未満までに初経が見られるなどである（日本小児内分泌学会「思春期早発症」）。

6) 生物学的な性の特徴として，一次性徴と二次性徴がある。一次性徴は，出生時からみられる生殖に直接関係のある生殖器官によって示される形態的・機能的な特徴である。性腺（精巣，卵巣），内性器（精管，卵管，子宮），外性器（陰茎，陰嚢，陰核，陰唇）などにより，男女が区別される。二次性徴は性腺刺激ホルモン等の内分泌機能の作用によって現れる身体的な変化である。医学的な二次性徴の評価には，Tanner が提唱した Tanner 段階が用いられ，男子においては，精巣の大きさ，陰茎・陰嚢の大きさと形状，陰毛の発毛状態が，女子においては乳房，乳輪，乳頭の大きさと形状，陰毛の発毛状態が，第 1 期の思春期前から第 5 期の成人期までの 5 段階に区分して評価される。

7) 排卵から月経開始前まで，多くの場合は 1 週間前までの間，イライラする，体のだるさ，下腹部の痛み，食欲亢進，気持ちの落ち込みなどの症状がみられ，月経が始まると 1 ～ 2 日で消失あるいは軽減する。

8) 月経の開始に伴い下腹部・腰痛などの疼痛とともに頭痛，悪心，嘔吐などの症状を伴い，月経終了後に症状が消失または軽減する。

■引用文献

衛藤隆・近藤洋子・杉田克生・村田光範『新しい時代の子どもの保健』日本小児医事出版社，2014 年

ガラヒュー，D.L.『幼少期の体育——発達的視点からのアプローチ』杉原隆監訳，大修館書店，1999 年

日野林俊彦「発達加速現象に関する進化発達心理学的研究」科学研究費助成事業（科学研究費補助金）研究成果報告書，平成 25 年 5 月 16 日（https://kaken.nii.ac.jp/ja/file/KAKENHI-PROJECT-22330189/22330189seika.pdf，最終閲覧日 2021 年 7 月 29 日）

平山宗宏編『子どもの保健と支援』日本小児医事出版社，2011 年

五十嵐隆編集『小児科学（改訂第 10 版）』文光堂，2011 年

Ishihara, T., Miyazaki, A., Tanaka, H., Fujii, T., Takahashi, M., Nishina, K., Kanari, K., Takagishi H. & Matsuda T., *Childhood exercise predicts response inhibition in later life via changes in brain connectivity and structure*, NeuroImage, 2021.

厚生労働省「平成 22 年 乳幼児身体発育値調査の概況について」2011 年（https://www.mhlw.go.jp/stf/houdou/0000042861.html，最終閲覧日 2021 年 7 月 29 日）

厚生労働省「令和元年「国民健康・栄養調査」の結果の概要」2020 年，（https://www.mhlw.go.jp/content/10900000/000687163.pdf，最終閲覧日 2021 年 7 月 29 日）

茗井香保里・宮下恭子・平山素子編著『乳幼児の健康——教育・保育に向けた計画と実践』大学図書出版，2019 年

Miall, L., Rudolf, M., and Smith, D., *Paediatrics at a Glance*, 4th Edition, John Wiley & Sons, Ltd., 2016.（マイアル，L. 他『一目でわかる小児科学　第 3 版』岡明監訳，メディカル・サイエンス・インターナショナル，2018 年）

宮下恭子編著『改訂新版保育内容「健康」——生きる力を育む健やかな心とからだ』大学図書出版，2018 年

文部科学省「学校保健統計調査」（https://www.mext.go.jp/b_menu/toukei/chousa05/hoken/1268826.htm，最終閲覧日 2021 年 7 月 29 日）

文部科学省「令和 2 年学校保健統計　調査結果の概要」2021 年（https://www.mext.go.jp/content/20200319-mxt_chousa01-20200319155353_1-3.pdf，最終閲覧日 2021 年 7 月 29 日）

文部科学省「幼児期運動指針」2012 年（https://www.mext.go.jp/a_menu/sports/undousisin/1319771.htm，最終絵閲覧日 2021 年 7 月 27 日）

文部科学省「幼児期運動指針ガイドブック」（https://www.mext.go.jp/a_menu/sports/undousisin/1319772.htm，最終閲覧日 2021 年 7 月 27 日）

村田光範『応用版　子供の健康管理プログラム　平成 27 年度版』勝美印刷，2015 年（http://www.shobix.co.jp/paru/，最終閲覧日 2021 年 7 月 29 日）

中村和彦『運動神経がよくなる本』マキノ出版，2011 年

日本学校保健会「児童の健康診断マニュアル（平成 27 年度改訂版）」2015 年（https://www.gakkohoken.jp/book/ebook/ebook_H270030/index_h5.html#22，最終閲覧日 2021 年 7 月 29 日）

日本産婦人科医会「思春期とは」（https://www.jaog.or.jp/note/%E6%80%9D%E6%98%A5%E6%9C%9F%E3%81%A8%E3%81%AF/，最終閲覧日 2021 年 7 月 29 日）

日本性教育協会編『「若者の性」白書 第 8 回青少年の性行動全国調査報告』小学館，2019 年

日本スポーツ協会「アクティブチャイルドプログラム」（https://www.japan-sports.or.jp/portals/0/acp/index.html，最終閲覧日 2021 年 7 月 24）

日本小児医療保健協議会 栄養委員会 小児肥満小委員会「幼児肥満ガイド」2019 年（http://www.jpeds.or.jp/uploads/files/2019youji_himan_G_ALL.pdf，最終閲覧日 2021 年 7 月 29 日）

日本小児内分泌学会「成長評価用チャート・体格指数計算ファイルダウンロードサイ

ト」内の成長評価用計算ファイル【xlsx】（http://jspe.umin.jp/medical/chart_dl.html,
最終閲覧日 2021 年 7 月 29 日）

日本小児内分泌学会「思春期早発症」（http://jspe.umin.jp/public/sishunnki.html, 最終閲
覧日 2021 年 7 月 29 日）

杉原隆・河邉貴子編著『幼児期における運動発達と運動遊びの指導』ミネルヴァ書房,
2014 年

スポーツ庁「令和元年度全国体力・運動能力, 運動習慣等調査結果の概要」（https://
www.mext.go.jp/sports/content/20191225-spt_sseisaku02-000003330_1.pd, 最終閲覧日,
2021 年 7 月 27 日）

体育科学センター調整力専門委員会体育カリキュラム作成委員会「幼稚園における体
育カリキュラムの作成に関する研究」体育科学, 1980 年

高平小百合編著『教えと学びを考える発達心理学』玉川大学出版部, 2021 年

高石昌弘・樋口満・小島武次『からだの発達 改訂版──身体発達学へのアプローチ』
大修館書店, 1981 年

World Health Organization, *Guidelines on physical activity, sedentary behaviour and sleep for children under 5 years of age*, 2019.（https://apps.who.int/iris/handle/10665/311664, 最終閲覧日 2021 年 7 月 29 日）

■課題

1. 母子健康手帳や学校健診の結果などを参照し, 自分の成長曲線を描き, 発育の評価
をしてみよう（成長曲線は引用文献, 参考文献の日本小児内分泌学会「成長評価用
チャート・体格指数計算ファイルダウンロードサイト」もしくは「日本人小児の体
格評価」から入手可能）。

2. 肥満の原因は摂取エネルギーが消費エネルギーを上まわるためである。そのような
状態をもたらしている社会環境について考察し, 子どもの肥満予防のための対策を
考えてみよう。

3. 身体発育の特徴や運機機能の発達を踏まえ, 幼児期および学童期における心身の健
康づくりに役立つ「遊びや運動」の具体的事例を考えてみよう。

■参考文献

厚生労働省「乳幼児身体発育調査」（https://www.mhlw.go.jp/toukei/list/73-22.html, 最終
閲覧日 2021 年 7 月 29 日）

厚生労働省 生活習慣病予防のための健康情報サイト e- ヘルスネット「摂食障害：神
経性食欲不振症と神経性過食症」（https://www.e-healthnet.mhlw.go.jp/information/
heart/k-04-005.html, 最終閲覧日 2021 年 7 月 29 日）

厚生労働省 生活習慣病予防のための健康情報サイト e- ヘルスネット「若い女性の「やせ」や無理なダイエットが引き起こす栄養問題」（https://www.e-healthnet.mhlw.go.jp/information/food/e-02-006.html, 最終閲覧日 2021 年 7 月 29 日）

文部科学省「学校保健統計」（https://www.mext.go.jp/b_menu/toukei/chousa05/hoken/1268826.htm, 最終閲覧日 2021 年 7 月 29 日）

日本学校保健会「児童の健康診断マニュアル（平成 27 年度改訂版）」2015 年（https://www.gakkohoken.jp/book/ebook/ebook_H270030/index_h5.html#22, 最終閲覧日 2021 年 7 月 29 日）

日本学校保健会「なぜなにどうして？ 学校保健・第 1 回　成長曲線」（https://www.gakkohoken.jp/special/archives/category/schoolhealth1st, 最終閲覧日 2021 年 7 月 29 日）

日本小児保健協会 学校保健委員会「子どもの肥満症 Q&A」（https://www.jschild.or.jp/wp-content/uploads/2019/06/%E2%97%8F%E5%AD%90%E3%81%A8%E3%82%99%E3%82%82%E3%81%AE%E8%82%A5%E6%BA%80%E7%97%87-QA-%E5%85%A8%E4%BD%93-20170922.pdf, 最終閲覧日 2021 年 7 月 29 日）

日本小児医療保健協議会 栄養委員会 小児肥満小委員会「幼児肥満ガイド」2019 年（http://www.jpeds.or.jp/uploads/files/2019youji_himan_G_ALL.pdf, 最終閲覧日 2021 年 7 月 29 日）

日本小児内分泌学会「日本の小児の体格の評価」（http://jspe.umin.jp/medical/taikaku.html, 最終閲覧日 2021 年 7 月 29 日）

第3章 | ことばと
コミュニケーションの発達

　本章では，子どものコミュニケーションの発達について，「ことば」を中心にみていく。ことばを使う能力も他の認知能力と同じように，生まれながらに備わっている子ども自身の「学ぶ」力と，子どもに対して働きかける人々の意識的・無意識的な「教え」によって，成長していく。そこでこの2つの側面に焦点を当て，(1) 子ども自身のことばを学ぶ力とはどのようなものか，(2) 大人とのかかわりは，子どものことばの学びをどのように後押しして支えるか，を主な問いとする。これらの問いに対する答えは，まだすべてが明らかにされたわけではない。主な言語発達の理論を足がかりにこれらの問いへの答えを探しながら，子どものより良いことばの育ちについて考えてみよう。

キーワード
生得　学習　社会相互作用　ジェスチャ

第1節　ことばを学ぶ力

（1）子どもがことばを学ぶ方法

　ことばは，「今・ここ」という時空を超えた事象について，具体的・抽象的にかかわらず自由に相手に伝えることができる記号体系である。子どものことばは，「今・ここ」の具体的な事象から始まり，児童期・青年期にかけてより抽象的で複雑な内容を扱えるようになり，語彙・文法・用法ともに成熟していく。

多くの子どもにとって，最初に接することばは音声，すなわち聴覚情報である。また，ことばの音声と同時に，話している人の顔や周りの風景・モノなどの視覚的情報や，におい・感触などの嗅覚・触覚を含む多感覚的な情報が入ってくる。子どもはどのようにして，これら多くの情報からことばの意味を選びだして理解し，自分でもそのことばを自在に話せるようになっていくのだろうか。

　思いつきやすい回答としては，大人が子どもに「パパだよ」と何度も話しかけて，子どもが目の前にいる人物と「パパ」という音を結びつけ，自分でも発音する，というストーリーがある。実際に，子どもは大人の話すことばを繰り返し聞いて，目で見ているものとの一対一対応，すなわち連合学習によってことばを学ぶという考え方が，行動主義心理学者のスキナー（Skinner, B.F.）によって提唱された。連合学習は語彙獲得過程の初期に一部で機能するようにもみえるが，一対一対応の学習だけでは，子どもが生後数年というごく短い期間で語彙や文法能力を成長させ，さらにはことばを適切に使う知識を身につけることを説明するのには不十分である。それは身につける能力に比べて，圧倒的に入力量が少ない（刺激の貧困，the poverty of the stimulus）ことが理由である。

　この行動主義的な言語獲得理論への批判を踏まえて，言語学者チョムスキー（Chomsky, N.）は生得主義的アプローチ（nativist approach）を提唱した。チョムスキーのアプローチは言語獲得研究に一大革命となり，多くの議論を巻き起こした。その議論のなかで生得主義への批判として，領域普遍（domain general）な学習論を基礎とする認知主義アプローチ（cognitive approach）や社会相互作用アプローチ（interactive approach）などが提案され，その後も様々なアプローチやモデルが展開されてきている。

　ことばの獲得理論の展開によって，子どもは大人によってことばを1つ1つ教えられるのを待っているのではないことが明らかになった。自分で周囲の環境から情報を選びとって学習し，人々と効果的にコミュニケーションをとれるようになることで，より良く生存していけるように成長していくのである。

　クラーク（Clark, E.V.）は，ことばの獲得の基盤として赤ちゃんの生得的な

コラム　言語獲得理論

　生得的アプローチ（Nativist approach）は，言語学者チョムスキー（Chomsky, N.）によって 1960 年代に提唱された生成文法理論に代表される。チョムスキーは行動主義学者スキナー（Skinner, B.F.）の著書『言語行動』（*Verbal Behavior*）の書評論文で「言語の獲得に関する限り，強化，何の気なしの観察，（模倣に対する強い傾向性を伴う）生来の好奇心が重要な要因であることは明らか」としつつ，「同時に，極めて特殊でかつ見たところ行動に複雑な様式をさまざま用いて，一般化を行い，仮説を立て，そして『情報を処理する』驚くべき能力を子どもがもっていることもまた重要な要因」と述べている（Chomsky, 1959；梶浦真美訳, p.150）。チョムスキーが提案する生得的な言語学習能力は普遍文法（Universal Grammar）と呼ばれ，言語獲得装置（Language Acquisition Device）によって，周囲で話されていることばの入力に基づき，言語の文法パラメータを設定する。これによって，どのような言語であっても品詞の分類と文法構造を把握し獲得することができる。子どものことばの獲得過程では，ことばの例が十分な量入ってくるわけではないという「刺激の貧困」，言い誤りに対する訂正を大人から受けず「拡張フィードバック（extensive feedback）」を受けること（例：子ども「ちっちゃいの，りんご」に対して大人「小さいりんごがあったね」），「臨界期（critical period）」の存在がこの理論を裏づける。子どもは真っ白な何も持たない状態で生まれてくるのではなく，言語領域固有の能力である普遍文法を備えており，それによって短期間に言語を獲得することができるとされる。

　これに対して認知主義（Cognitivism）の立場からは，領域普遍の認知能力の一部としてことばの学習が議論されている。また社会的な影響を重視する社会相互作用アプローチ（Interactive approach）は，大人とのかかわりのなかでことばが獲得されていくことを重視する。ブルーム（Bloom, L.）は，文法や語形活用の獲得過程において，言い誤りの訂正であるネガティブフィードバック（negative feedback）があること，とくに質問する形式で子どもの言い誤り発話の直後に起こっていることを指摘した。

学習メカニズムを挙げている。その学習メカニズムは，①入ってくる情報を区別し同定する能力（前に見聞きしたものと同じかどうか）と，②情報の出現頻度や確率（よく見聞きするものかどうか）に注意を向ける能力の 2 つから成り立っている（Clark, 2019）。これらの基礎的能力は，子どもに生まれながらに備わっている，ことばの分野にかぎらない領域普遍的な情報処理能力である。このうち②の学習について，次の項で詳しくみていく。

（2）統計的学習

統計的学習とは

　人間の統計的学習（statistical learning）は，言語以外にも様々な認知領域で働いている学習ストラテジー（方法）で，インプットされる情報から，多くの事象に共通するパターンを抽出することである（Lew-Williams & Saffran, 2012）。たとえば「マルマ，テムテ，ホキホ……」という音声のリストを聞くと，このリストでは 3 つの「子音＋母音」の組み合わせで単語が作られ，かつ単語内の 1 つめと 3 つめの音節が同一である，すなわち「ABA」パターンであることを抽出する。統計的学習は，1990 年代にアメリカの認知発達科学者サフラン（Saffran, J.）らによって赤ちゃんの言語獲得に明確に適用されてから，発達心理学の分野で注目を集めるようになり，赤ちゃんの学習を支える基礎的能力の 1 つとして広く受け入れられている。

　統計的学習がことばの学習において大きな力を発揮する理由は，知識を獲得するために，必ずしもすべての事例を必要としないということである。多くの場合，赤ちゃんが生まれてから耳にすることばの量は膨大である。それにもかかわらず，母語となる言語を構成するすべての音を偏りなくたくさん聞けるわけではないし，すべての単語を何度も繰り返し耳にするわけでもない。また赤ちゃんの置かれた環境や状況によっては，耳に届くことばの量がさほど多くないこともある。そのように限られた量の情報をもとに，大人が話している言語を大人と同じように使えるまでに学習するためには，少数の例からルールを抽出することが効果的である。さらに，抽出されたルールはそのときのままに固定されるのではなく，その後入ってくる情報に合わせて

柔軟に更新されていく。このルール抽出能力によって，赤ちゃんのことばの学習は効率的にすばやくおこなわれるのである。

　赤ちゃんは統計的情報を使って，言語の音韻体系，語形，語と指示対象のマッピング，文法構造をインプットから学習することができる。

音韻体系

　音韻は，言語の母音や子音である。ことばを聞いて理解したり話したりするためには，音韻を区別することが必要である。赤ちゃんは生後1年くらいで，母語の音韻体系をおよそ獲得するとされている。この学習にも，統計的学習がかかわっている。

　たとえば「だ /da/」と「た /ta/」は，語を発音し始めてから声帯が震えるまでの時間（有声開始時間，voice onset time）が異なる。6〜8ヶ月児を2つのグループに分けて，一方に /da/ と /ta/ それぞれに近い特徴を持つ音響的な違いの大きい2種類の音声を，他方には2つの音の中間的特徴を持つ音響的な違いの小さい2種類の音声を繰り返し聞かせる実験がおこなわれた（Maye, Werker, & Gerken, 2002）。その後 /da/ と /ta/ を区別することができたのは，前者のグループの乳児のみという結果が得られた。このことから，音声の入力頻度に応じた音韻知覚が形成されることがわかる。

セグメンテーション

　語形（word form）すなわち単語を構成する音の特徴を学習することによってセグメンテーション（segmentation）すなわち連続する話しことばから単語を取り出すこともできるようになる。

　8ヶ月児は，単語リストの音声を数分間聞いただけで，そこから単語を構成する音のルールを抽出し，新しい単語がそのルールに合っているかいないかを区別することができる（Saffran, Aslin, & Newport, 1996）。この実験では，たとえば「ゴラピ」という音の組み合わせが繰り返し現れるように作成した音のシークエンス，つまり「ゴラピラムドパピルゴラビ……」のように抑揚のない音声を2分間赤ちゃんに聞かせて，そのあと「ゴラピ」と新しいことば「ダムサ」のどちらにより注目するかを確認したものである。赤ちゃんは，

ゴラピという 3 つの音の組み合わせが他の音の組み合わせよりも多く聞こえてくることを無意識かつ自動的に把握し，後で提示された 2 種類の音声に対する注意の向け方を変えたのである。

語と意味の関連づけ

3 ヶ月齢の赤ちゃんは，モノ（視覚的刺激）と同時に呈示された新しい語（聴覚的刺激）の関連づけをごく短い時間でおこなうことができる（Friedrich & Friederici, 2017）。わずか 4 回この組み合わせを呈示しただけで，赤ちゃんは，その関連づけを数分間維持することができたと報告されている。この連合学習は，語の活用形という文法的情報にかんしても同様に働くことが確認され，領域普遍的な学習である可能性が考えられた。これは 1 歳以降の語彙獲得，つまり意味の学習とは区別されるべきであるが，ことばにかかわる統計的学習は単語理解や音韻獲得よりも前に働いていることがわかる。

（3）語意学習バイアス

赤ちゃんが新しい語を耳にするとき，多くのモノが同時に存在している場面で，語の意味をどのようにして推測するのだろうか。哲学者クワイン（Quine, W.V.O.）は，新しい語を学ぶ子どもは，無限ともいえる意味の可能性のなかから 1 つの正しい意味を自分自身で見つけ出すことが必要だと指摘した。この問題に対して，マークマン（Markman, E.M.）らは制約論（constraints）による説明をおこなった（Markman, 1990）。

制約論では，子どもには生得的な語意学習バイアスが備わっているとされる。このバイアスは主に名詞の語意推論において働き，「語はモノ全体を表象する（事物全体バイアス，whole object bias）」「既に名前がついているモノは新しい名前を持たない（相互排他性バイアス，mutual exclusivity bias）」「形が似ているものは同じ名前を持つ（形状類似バイアス，shape bias）」などがある。

これらのバイアスはすべての語意推論をいつでも正しい答えに導くわけではなく，子どもが新しい語に出会ったときの最初のヒントになり得るものである。子どもは語彙を獲得し文法を身につけていきながら，それらの知識も

使ってバイアスの適用の仕方を変化させていく。

第2節　ことばの学びを支える社会・文化的環境

　子どもがことばの入力から，どのように知識を獲得するかについての議論をみてきたが，本節では大人とのかかわりを通して，コミュニケーションとその手段としてのことばを子どもがどのように身につけていくのかをみていこう。

　ヴィゴツキー（Vygotsky, L.S.）は，社会的相互作用，つまり子どもが周りの人々とりわけ養育者とかかわることに重点をおいて，ことばの発達をとらえた。またトマセロ（Tomasello, M.）は，ことばを話し始める前の赤ちゃんと人間以外のいくつかの種に共通する能力として，外界の知覚，言語音声の区別，外界のモノと言語音声の連合学習を挙げ，なぜ人間だけがことばを獲得できるのかと疑問を投げかけている（Tomasello, 2003）。それは音と意味を学習するだけでは「ことば」と呼ぶことはできず，あくまでも社会的相互作用のなかで使われるものがことばだからだとしている。このように社会相互作用論では，ことばが対人関係においてこそ機能し，獲得されるものだと考えられている。

（1）コミュニケーションのはじまり

コミュニケーションとは

　コミュニケーションは，生物学的にとらえると「送り手の行動によって受け手の行動が変化し，それによって適応上利益を得るような信号の伝達」といえる（Haven Wiley, 1983）。ここには，ある個体から別の個体へ伝えられる信号によって，受け手に何らかの反応が引き起こされ，それによっていずれかあるいは双方に利益が生まれるという変化がある。私たち人間は周りの人々とかかわり協力しながら生きていく社会的動物であり，個体間・集団間のコミュニケーションは生きていく上で大きな役割を果たしている。この人間にとって重要なコミュニケーション能力は，生まれてまもない赤ちゃんのとき

から，さらには生まれる前の胎児のときから，私たちに備わっているものである。

　意図的なコミュニケーションの萌芽は，生後数ヶ月までに赤ちゃんの行動にみられる「見せびらかし（showing-off）」である。口をきゅっと閉める，手を動かすなど，同じ動作を繰り返すことから始まる。レディ（Reddy, V.）は，2ヶ月の赤ちゃんが大人と同様の「はにかみ」や「見せびらかし」のような動作をおこなうことを観察し，自己意識の表れと論じている（レディ, 2015）。すなわち，赤ちゃんはこのころから相手を認識してかかわろうとしていると考えられる（Trevarthen, 1998）。生後半年以降には，これらがよりはっきりした表情や行動として現れるようになる。

赤ちゃんと大人のやりとり

　赤ちゃんは生まれてまもないころには，泣きやしゃっくりなどの音声が主で，ことばらしい音をあまり発しないが，1〜2ヶ月ほど経つと，「アー」「ウゥー」のような「おしゃべり」と形容したくなるような声を発するようになる。このような声を聞くと，大人は思わず「どうしたの？」「今日はご機嫌ね」などと話しかける。一見すると赤ちゃんと大人の「会話」が成立しているようである。会話をその時間的要素でとらえるならば，相手のタイミングに合わせて音声を交互に発することであるため，実際こうした赤ちゃんの声に養育者の発声が続くシークエンスは「会話」に近いものといってよいだろう。社会的相互作用論では，こうした大人の反応を，赤ちゃんが実際に何かを意図しているか否かにかかわらず，大人が一方的に赤ちゃんの意図を仮定して振る舞うことで，赤ちゃんの行動に意味が生じるとする見方と，赤ちゃんには意図があって大人との相互作用が生じているのだとする見方がある（Legerstee, 2005）。

　3ヶ月齢ころになると，赤ちゃん自身も相手の声のタイミングに合わせて発声を調節したり，声を模倣したり，期待したタイミングで相手が話さないときには催促するように発声してみたり，というように，会話の担い手としての行動が現れてくる。会話への参加の仕方には音声の他に，腕を振る，頭を動かすといった身体動作も含まれる。赤ちゃんと大人の発声と身体の動き

コラム　赤ちゃんの表現とその読み取り

　生まれてまもない時期から赤ちゃんは音声と表情で表現し，大人とのコミュニケーションが構築されている様子を，ある育児日記から紹介する。これらは赤ちゃんの主体的な意図表現なのか，それとも親が「深読み」して意味づけをしているだけなのだろうか。

〈0 ヶ月 6 日齢〉

　姉がだっこして話しかけると，目を見開いてじっと顔を見つめていた。機嫌のよいときに「アーアー」「ウーウー」とよくおしゃべり。

〈0 ヶ月 19 日齢〉

　「エウー」とはっきり発音する。泣き声に要求や意志が感じられるようになってきた。

〈1 ヶ月 13 日齢〉

　だっこされないとヤイヤイ騒ぎ出し，声をかけられてだっこしてもらえそうになると静かになる。ときどき「エウ」と満足そうな声。話しかけられると目をしっかり合わせ，顔を見てニコニコしながら「ウーアー」モニョモニョとお話しすることも増えてきた。

〈2 ヶ月 28 日齢〉

　授乳を終えると母の顔を見てにっこり。絵本を読んでもらうとにっこり。名前を呼ばれてにっこり。お腹に顔をつけると「アハハ……」と笑っていたが，何回も繰り返していたら飽きて真顔になってしまった。

〈3 ヶ月 10 日齢〉

　「いないいないばあ」や「たかいたかい」をすると，よく笑う。たまに口をとがらせて「アーウアー」「クールー」とひとりでしばらくおしゃべりをしている。

〈7 ヶ月 7 日齢〉

　喃語が増えて，泣くときにも「マンマン」「ワウワウワウ……」と言っている。父にだっこされていて母の顔を見たとき，母の方に「だっこ」というように移りたがるしぐさをみせる。

〈8 ヶ月 24 日齢〉

「じょうずー」と大人が手を叩いてみせると，笑顔になって自分も叩く。本棚からせっせと本をひっぱりだしては「どう？」と言いたげに母を見る。

〈9ヶ月16日齢〉

ジャーゴンが出てきてゴニョゴニョと一人でお話し。「ナイナイして」というと手に持っているものを何でもポイポイと袋や箱のなかに入れる。お手てパチパチ，ハイタッチ，ちょうだい，どうぞなどジェスチャが増えてきた。人差し指を立てて，人の口に入れるのがお気に入り。

〈10ヶ月1日齢〉

名前を呼ぶと，「はぁぁーい」と片手をあげてお返事。何回も呼んでそのたびお返事すごいとほめていたけれど，試しに他の子の名前を呼んでみたらやっぱり「はぁーい」。何かを渡して「ありがとう」と言われると，頭をちょこんと下げる。父を見ると「パッパッパ」，食事のときは「マンマン……」と喃語を使い分けている様子。

を時間を追って記録していくと，一定のリズムを構成していることがみてとれる（Malloch & Trevarthen, 2009）。これは第一次間主観性（primary intersubjectivity［Trevarthen, 2011］）と呼ばれ，赤ちゃんと大人の双方向的な情動的やりとりの最初の形である。このやりとりは，会話の基礎となるだけでなく，その後の言語発達や愛着，社会性の発達にもかかわることが示されている。

6ヶ月〜1歳ごろになると，相手のコミュニケーション意志を理解しながらモノを介しておこなわれる，「自分─モノ─相手」の三項関係コミュニケーションに発展する。これは第二次間主観性（secondary intersubjectivity［Rochat & Striano, 1999］）と呼ばれている。

応答と対話

赤ちゃんや子どもと大人との相互作用において，応答性が重要であると考えられている（Stern, 1985）。応答性（responsiveness）とは，子どもの探索的なコミュニケーション行動に対して，大人がすばやく（prompt），その行動に関連した（contingent）応答をおこなうことである（Tamis-LeMonda, Kuchirko, & Tafuro,

2013)。

　「会話」を構成する要素には声以外にも，身ぶりや視線などがある。赤ちゃんと目が合う，赤ちゃんが何かをじっと見つめているなど，養育者は赤ちゃんの視線に敏感に反応して，声かけをする。こうした応答性は，しばしば赤ちゃんの行動や表情を模倣したものによっておこなわれ，ミラーリング（mirroring）と呼ばれる（Stern, 1985）。

　大人から子どもへの応答は，子どものコミュニケーション行動に影響をもたらす。9ヶ月児は自分の喃語の発声タイミングに合わせて，すぐに母親が応答を返す場合に，そうした応答が得られない場合に比べて，喃語を多く発声するだけでなく，言語に近い発音で発声するという傾向がみられている（Goldstein & Schwade, 2008）。また13ヶ月時に，母親の応答性が高い子どもは，応答性が低い子どもに比べて，初語と語彙スパート（vocabulary spurt）が4〜6ヶ月ほど早かったことも報告されている（Tamis-Lemonda et al., 2001）。アメリカの大規模調査では，子どもに向けた親の発話量は家庭によって2〜3倍ほどの違いがあり，3歳までに聞いた言葉の違いは3歳時に獲得している語彙数やその後の成績にも関連することが示された（Hart & Lisley, 1995）。

　タミスレモンダらの研究では，応答性とは母親が子どもの行動や発声が起こってから5秒以内に，関連する発話や行動を示すことと定義された。関連する行動とは，以下の6つである。①子どもの行動の承認（「上手だね」），②子どもの発声の模倣（"バ"→「ボール」），③モノやできごとなどの叙述（「スプーンがおっこちたね」），④質問（「何かな？」），⑤遊びの誘導（「くまちゃんをおすわりさせて」），⑥探索の誘導（「何しようか？」）である。とくに子どもの発声や遊びに対して母親が応答的に反応することが多いと，子どもの初語や50語，二語文の獲得時期が早い傾向がみられた。また①承認，③叙述，④質問，⑤遊びの誘導が子どもの言語発達にかかわっていることも明らかになった。この研究結果が示しているように，大人の応答が早くおこなわれるだけではなく，どのような内容で返すかという応答の質も，子どものコミュニケーション発達に影響をもたらしている。

　同様に，ハーシュパセク（Hirsh-Pasek, K.）とゴリンコフ（Golinkoff, R. M.）は，子どもとのコミュニケーションは双方向かつ対話型であるべきだとしている

(Hirsh-Pasek & Golinkoff, 2003)。大人は，子どもに対して一方的に多くのことば
を聞かせることがよいのではない。子どもが今注意を向けているものや興味
があるものに言及し，子どもが話したことを問いかけによって発展させるこ
と，対話を続けることが，子どものことばの発達を促すのである。

（2）子どもの表現：ジェスチャとことば

　ジェスチャ（身ぶり）は，発話が開始する前から現れるコミュニケーショ
ンの形態の1つである。ジェスチャとは，手，頭や肩，眉や視線など身体の
動きによる意図表現である（Kendon, 2000）。これらの表現のうち，言語発達
研究では主に，子どもの手の動きに注目して検討が進められてきた。

　最初のはっきりしたジェスチャは，9ヶ月ころからの指さしである
（Tomasello, Carpenter, Call, Behne, & Moll, 2005）。これは，直示的ジェスチャ（deictic
gesture）と呼ばれる。指さしは，初めは手全体を使って方向を示す動作から，
指たて，人さし指による表現へと発達していく。次に9〜13ヶ月ごろ以降，
文化的・慣習的に定められた型であるエンブレム（emblem, conventional gesture）
が現れる。たとえば別れの場面で，「バイバイ」の意味で手を振る動作であ
る。エンブレムは特定の場面での使用から始まって，「バイバイは？」と大
人からのリクエストに応えておこなう，いつもとは異なる人にも手を振って
みるなど，徐々に適用範囲を広げていく。1歳前後に現れる映像的ジェスチ
ャ（iconic gesture）は，動作や状況を動作で示すシンボリックな表象である。
たとえば「飲む」を伝えるには，コップを持つ形に作った手を口元にもって
いくような動作をする。

　指さしは注意の方向性を示し，関心の共有を導く役割を果たす。これに対
して，映像的ジェスチャは指示する対象を別の形に表現する記号として意味
を伝達する役割を果たしており，言語使用へのステップになる（Tomasello,
2005）。子どもは二語文を使えるようになる少し前から，一語発話とジェス
チャを組み合わせて，より豊かな意味表現をおこなうようになる（**表3-1**，
図3-1）。やがて映像的ジェスチャの多くは，1歳後半〜2歳ごろに話せる語
彙数が増えるとともに減少し，ことばに取って代わられる。そして，「ふり

表 3-1　1 歳児の発話とジェスチャの組み合わせによる表現

	発話とジェスチャの組み合わせ	二語文発話
2 つの項	1 歳 6 ヶ月 　ママ（発話）＋ソファ（指さし） 　自転車（発話）＋ヘルメット（指さし）	1 歳 10 ヶ月 　ママ　椅子 　イヤリング　二階
述語と 1 つの項	1 歳 2 ヶ月 　自分でする＋スプーン（持ち上げる） 1 歳 6 ヶ月 　髪（発話）＋洗う（映像的ジェスチャ） 　運転する（発話）＋車（指さし）	1 歳 10 ヶ月 　自分で　する 　赤ちゃん　ねんね
2 つの述語	1 歳 10 ヶ月 　これ好き＋食べる（映像的ジェスチャ） 　終わった＋持ち上げる（映像的ジェスチャ）	1 歳 10 ヶ月 　見つける　手伝って 　作る　終わった

（Ozcaliskan & Goldin-Meadow, 2005 より英語表記を翻訳）

遊び」での使用に転換していく。

　これまで多くの研究によって，ジェスチャの使用とことばの発達に関連が見いだされている。9 ヶ月時と 1 歳 0 ヶ月時のジェスチャ使用頻度は 1 歳 3 ヶ月時の理解語彙を予測すること（Cadime et al., 2017），1 歳 2 ヶ月時のジェスチャ頻度は 3 歳 6 ヶ月時の表出語彙数を予測することが示されている。1 歳 2 ヶ月の時点においては，親子の単語使用頻度よりもジェスチャ頻度の方が語彙数に強く関連するとされている（Rowe, Ozcaliskan, & Goldin-Meadow, 2008）。

　親のジェスチャ使用頻度は子どものジェスチャ使用に影響を及ぼし，結果として子どもの語彙数増加に関連するという報告もある。10 〜 12 ヶ月時に，親に対してジェスチャをおこなうように教示したグループでは，教示しなかったグループに比べて，1 歳 6 ヶ月時の子どもの語彙数が多かった（Choi et al., 2020）。とくに，モノやできごとへの関心を相手と共有する叙述的ジェスチャ（declarative gesture）を増やしたときに，子どもの語彙数がより多くなった。自閉スペクトラム症（Autism Spectrum Disorder）や学習障がい（Learning Disability）の子どもに対しては，直示的ジェスチャ（指さしなど）を親が多く使うようにした場合に，子どもの語彙数が増加したということも報告されている（Cadime et al., 2017）。

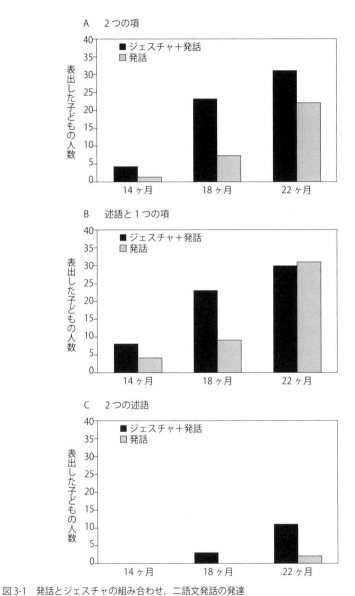

図 3-1　発話とジェスチャの組み合わせ，二語文発話の発達

（Ozcaliskan & Goldin-Meadow, 2005 より作成）

（3）かかわりのなかで育つことば

なぜ子どもの発声や行動への大人の応答性，そしてジェスチャの使用が，子どものことばの獲得を促進するのだろうか。生まれながらにことばの機能を把握しているわけではない赤ちゃんは，大人とのやりとりを通してことばが社会的ツールであることや，その使い方に気づくようになると考えられる（Tamis-Lemonda, Kuchirko, & Tafuro, 2013）。新生児期の自分と他者の原初的な区別の段階から，生後半年〜1歳にかけて相手が自分とコミュニケーションを取ろうという意図を持った存在であること，相手は考えや感情，意図を持って行動していることを理解し始め，コミュニケーションのパートナーとしてかかわるようになる。この気づきが，ことばは意味を持ち，自分や相手の意志を伝える道具であること，ことばを発する場面やタイミングはでたらめでよいのではなく，決まった様式に従うことなどの理解につながっていく。

子どもがジェスチャで意思を表現することは，それを見た大人から発話を引き出すことにつながり，それによって双方向の継続するコミュニケーションがおこなわれる。子どものジェスチャは，自分の関心あるものに大人の注意を向けさせ，共同注意（joint attention）を導く。これに対して発せられた大人のことばは，子どもの行動に対して随伴的であるため，子どもに学習されやすい。さらに，この応答的発話が子どもの発話を引き出しやすいことは，前述のとおりである。このように，子どものジェスチャによって共同注意が導かれ，大人の発話が引き出されることで，子どもの発話が増えると考えられる（Rohlfing, 2019）。

ブルーナー（Bruner, J. S.）は，親子の相互作用は一緒に同じモノやできごとに注意を向けて行為が生まれ，目標を共有し合うフォーマット（interactional format）やルーチンのなかで生じるとしている。こうした遊びなどのかかわりのパターンのなかでは，注意が維持されやすくことばの指し示す意味の理解が促される。こうした足場づくり，足場かけ（scaffolding，第13章第3節参照）がことばの理解と表出の発達を助けているのである（Bruner, 1999）。

ここまで，生得的な学習能力と社会的相互作用のなかでのことばの獲得について紹介してきた。これらの理論はどの学習過程や能力に重きを置くかに

ついて視点が異なっているが，子どものことばの獲得はこれらの複合的な現象であるととらえることも可能だろう。ハーシュパセクとゴリンコフらが提唱した創発連立モデル（The Emergentist Coalition Model ［Hollich, Hirsh-Pasek, & Golinkoff, 2000］）では，子どもの語彙獲得における複数の手がかりの使用が論じられている。すなわち，知覚的手がかり（attentional cues），社会的手がかり（social cues），言語的手がかり（linguistic cues）の3つの働きが重要であるとされる。知覚的手がかりは，情報を同定し新奇なものに気づく能力，社会的手がかりは，視線，指さし，社会的文脈（場面の情報），そして言語的手がかりは，プロソディ（prosody, 韻律）や文法構造などである。これらの手がかりのうちどれを優先して用いるかという重みづけは，発達の過程で変化していき，語彙獲得の方法が発達していくのである。

第3節　ことばの世界の広がり

　本章では子どものことばが子ども自身の学ぶ力によって推し進められながら，人々とのやりとり，社会的相互作用のなかでいかに育まれていくかということに焦点を当ててみてきた。ことばが「やりとり」すなわち「相手との一対一的・対面会話的関係」（岡本，2005, p.168）のなかで展開されることは，幼児期のコミュニケーションの特徴である。子どもは親しい相手と場面を共有し，一緒に意味や意図を紡ぎ出していく，コミュニケーションの協創プロセスを経験する。その経験を通して，子どもは次々に新しい単語を学び，新しいことばの使い方を身につけていくのである。岡本はこのような「今・ここ」の双方向的やりとりにおけることばを「一次的ことば」と呼んでいる。

　そして児童期になると一対多のコミュニケーションがおこなわれるようになる。話しことばに書きことばも加わり，自分から相手へ一方向的に表現する「二次的ことば」に発展する（岡本，2005, p.170）。ここでは，子どもの抽象的また論理的な思考力の発達にともなって，時間や場面，現実を超えた自由な表現ができるようになる。そして，ことばの「内言」化が起こり，心のなかで自分の考えをことばにしたり自分と対話したりするようになっていく。このときことばは，子どもの内的な思考手段となるのである（ヴィゴツキー，

2003）。

　自分の考えや思いを内言の力を借りて組み立てることや発展させていくことは，個々の生活や社会の向上に欠かせない能力であり，学校生活に入ると思考力はますます重視されるようになっていく。この自由で無限の可能性を持つ思考力は，初期の一対一のコミュニケーションである「一次的ことば」に支えられ，そこにつながっている。トマセロは，自分と他者を区別し，自己内省的に思考する能力は，周りの人々と社会において協力し合うために意思を伝えあう必要性から生まれたと論じている（Tomasello, 2014）。人間は個々に意図を持ちながら，他者と共通目標を達成するために役割を分担し協力するというように，個別性と共有性を同時に持つ二人称的関係性を基礎としている。そして3歳以降になると，ルールなどの社会的スキルを身につけ，集団的志向性が現れてくるのである。

　現代では，人々のかかわり方に多様な形が存在する。ともすれば手の感触や息づかいなどの身体情報をやりとりせずに，デジタルメディアを介してことばや表情だけで会話をする手段に頼りがちである。育児にも効率や便利さが求められるめまぐるしい時代において，子どもと今この場を共有しながら，ゆったりと流れる時間を過ごすことの意味を見直すことも必要ではないだろうか。

■引用文献

Bruner, J.S., The intentionality of referring. In: P. Zelazo, & J. W. Astington（eds.）, *Developing Theories of Intention: Social Understanding and Self-control*, Erlbaum, 329-339, 1999.

Cadime, I., Silva, C., Santos, S., Ribeiro, I., & Viana, F.L., The interrelatedness between infants' communicative gestures and lexicon size: A longitudinal study, *Infant Behavior and Development*, 48, 88-97, 2017.

Choi, B., Shah, P., Rowe, M. L., Nelson, C. A., & Tager-Flusberg, H., Gesture development, caregiver responsiveness, and language and diagnostic outcomes in infants at high and low risk for autism, *Journal of Autism and Developmental Disorders*, volume 50, 2556-2572, 2020.

Chomsky, N., A review of B. F. Skinner's "Verbal Behavior." *Language*, 35, 26-58, 1959.（ノーム・チョムスキー　書評 B・F・スキナー『言語行動』梶浦真美訳 『心の謎から心の科学へ　言語　フンボルト／チョムスキー／レネバーグ』福井直樹・渡辺明監修，pp.117-192，岩波書店，2020 年）

Clark, E.V., Research on first language acquisition: A brief history. In: J. S. Horst & J. K. Torkildsen (eds.), *International Handbook of Language Acquisition*, Routledge, 3-19, 2019.

Estes, K.G., Evans, J.L., Alibali, M.W., & Saffran, J.R., Can infants map meaning to newly segmented words?: Statistical segmentation and word learning. *Psychological Science*, 18 (3), doi:10.1111/j.1467-9280, 2007.

Friedrich, M., & Friederici, A.D., The origins of word learning: Brain responses of 3-month-olds indicate their rapid association of objects and words, *Developmental Science*, 20, e12357, 2017.

Goldstein, M.H., & Schwade, J.A., Social feedback to infants' babbling facilitates rapid phonological learning, *Psychological Science*, 19, 515-523, 2008.

Haven Wiley, R., The evolution of communication: Information and manipulation. In: T. R. Halliday & P. J. B. Slater (eds.), *Animal Behaviour Volume 2: Communication*, Blackwell Scientific Publications, 156-189, 1983.

Hart B., & Risley, T.R., *Meaningful differences in the everyday experience of young American children*, Brookes Publishing, 1995.

Hirsh-Pasek, K., & Golinkoff, R.M., *Einstein Never Used Flash Cards: How Our Children Really Learn - and Why They Need to Play More and Memorize Less.* Rodale, 2003.

Hollich, G., Hirsh-Pasek, K., & Golinkoff, R.M., II. The emergentist coalition model, *Monographs of the Society for Research in Child Development*, 65 (3), 17-29, 2000.

Kendon, A., Language and gesture: unity or duality? In: D. McNeill (ed.), *Language and Gesture*, Cambridge University Press, 47-63, 2000.

Lew-Williams, C., & Saffran, J.R., All words are not created equal: Expectations about word length guide infant statistical learning, *Cognition*, 122 (2), 241-246, 2012.

Legerstee, M. *Infants' Sense of People: Precursors to a Theory of Mind*, Cambridge University Press, 2005. (レゲァスティ, M. 『乳児の対人感覚の発達――心の理論を導くもの』 大藪泰訳, 新曜社, 2014 年)

Malloch, S., & Trevarthen, C., *Communicative Musicality: Exploring the Basis of Human Companionship*, Oxford University Press, 2009.

Manwaring, S.S., Swineford, L., Mead, D.L., Yeh, C., Zhang, Y., & Thurm, A., The gesture-language association over time in toddlers with and without language delays, *Autism & Developmental Language Impairments*, 4, 1-15, 2019.

Markman, E.M., Constraints children place on word meanings, *Cognitive Science*, 14, 57-77, 1990.

Maye, J., Werker, J.F., & Gerken, L., Infant sensitivity to distributional information can affect phonetic discrimination. *Cognition*, 82, B101-111, 2002.

岡本夏木『幼児期――子どもは世界をどうつかむか』岩波書店, 2005 年

Ozcaliskan, S., & Goldin-Meadow, S., Gesture is at the cutting edge of early language development, *Cognition*, 96, B101-113, 2005.

Reddy, V. *How Infants Know Minds*, Harvard University Press, 2008.（レディ，ヴァスデヴィ『驚くべき乳幼児の心の世界――「二人称的アプローチ」から見えてくること』佐伯胖訳，ミネルヴァ書房，2015 年）

Rochat, P., & Striano, T., *Social-cognitive Development in the First Year*, Lawrence Erlbaum, 1999.

Rohlfing, K.J., Learning language from the use of gestures. In: J. S. Horst & J. K. Torkildsen（eds.），*International Handbook of Language Acquisition*, Routledge, 213-233, 2019.

Rowe, M.L., & Goldin-Meadow, S., Differences in early gesture explain SES disparities in child vocabulary size at school entry, *Science*, 323, 951-953, 2009.

Rowe, M.L., Ozcaliskan, S., & Goldin-Meadow, S., Learning words by hand: Gesture's role in predicting vocabulary development, *First Language*, 28, 182-199, 2008.

Saffran, J.R., Aslin, R.N., & Newport, E.L., Statistical learning by 8-month-old infants. *Science*, 274, 1926-1928, 1996.

Stern, D.N., *The Interpersonal World of the Infant*. New York: Basic Books. 1985.（スターン，D.N.『乳児の対人世界（理論編／臨床編）』小此木啓吾・丸田俊彦監訳，岩崎学術出版社，1989 年）

Tamis-LeMonda, C.S., Bornstein, M.H., & Baumwell, L., Maternal responsiveness and children's achievement of language milestones, *Child Development*, 72, 748-767, 2001.

Tamis-Lemonda, C.S., Kuchirko, Y., & Tafuro, L., From action to interaction: Mothers' contingent responsiveness to infant exploration across cultural communities, *IEEE Transactions on Autonomous Mental Development*, 5, 202-209, 2013.

Tomasello, M., The key is social cognition. In: D. Gentner, & S. Goldin-Meadow（eds.），*Language in Mind*, The MIT Press, 47-57, 2003.

Tomasello, M., *Origins of Human Communication*. MIT press, 2005.（トマセロ，マイケル『コミュニケーションの起源を探る』松井智子・岩田彩志訳，頸草書房，2013 年）

Tomasello, M., *A Natural History of Human Thinking*. Harvard University Press, 2014.（トマセロ，マイケル『思考の自然誌』橋彌和秀訳，頸草書房，2021 年）

Tomasello, M., Carpenter, M., Call, J., Behne, T., & Moll, H., Understanding and sharing intentions: The origin of cultural cognition. *Behavioral and Brain Sciences*, 28（5），675-691, 2005.

Trevarthen, C., The concept and foundations of intersubjectivity. In: S. Braten（ed.），*Intersubjective Communication and Emotion in Early Ontogeny*, Cambridge University Press, 15-46, 1998.

Trevarthen, C., What is it like to be a person who knows nothing? Defining the active intersubjective mind of a newborn human being. *Infant and Child Development*, 20, 119-135, 2011.

ヴィゴツキー『「発達の最近接領域」の理論――教授・学習過程における子どもの発達』土井捷三・神谷栄司訳，三学出版，2003 年

1. 子どものことばの発達には，そのタイミングや量に個人差がみられる。その理由にはどのようなものがあるか，思いつくものを挙げてみよう。
2. 子どものジェスチャの文化による違いを調べてみよう。たとえば1～2歳児で日本語を母語とする子どもと英語を母語とする子どものジェスチャには，どのような共通点や相違点があるだろうか。
3. 保育園・幼稚園の年長児の実践記録や小学校のスタートカリキュラムの実践記録などを調べ，具体的なことばでのやりとり，コミュニケーションは，幼児期から児童期にどのように変わっていくのかを検討してみよう。

■参考図書

内田伸子『子どもの見ている世界——誕生から6歳までの「子育て・親育ち」』 春秋社，2017年

伊藤崇『学びのエクササイズ——子どもの発達とことば』ひつじ書房，2018年

第4章 認知の発達

　本章では，知的能力や，論理数学的思考の発達について，ピアジェの認知発達理論を中心にみていく。ピアジェの認知発達段階は，保育における遊びや，学校教育における学びとも関連しているため，概要を掴んでおきたい。知的能力は，私たちが生まれ落ちてすぐに発達をはじめる。最初は感覚と運動が組織化され，生後2年前後で頭の中にイメージを思い浮かべられるようになる。幼児期にはイメージを使って遊ぶようになり，小学校に入ってから順を追って，論理的なものの見方ができるようになっていく。

キーワード
ピアジェ　同化　調節　シェマ　可逆性　知能の発達段階

第1節　ピアジェの認知発達理論の概要

（1）ピアジェについて

　ピアジェ（Piaget, J., 1896-1980）は，子どもの知能の構造と発達に関する理論を作った人物である。認知発達の祖ともいうべき存在であるピアジェは，自身の研究を「発生的認識論」と位置づけた。「発生的認識論」の「発生」とは生物学的な視点である。「認識論」とは哲学的なテーマである。ピアジェは，認識論を発生的な見地，あるいは科学的な立場から理論化することに生涯を捧げた。ピアジェは，「生物学と認識の分析をつなぐものが心理学（大浜，1996, p.146）」であることに気づき，知能の構造の理論構築に力を注いだ。たとえば，生まれてから約2年間の感覚運動的知能は，自身の3人の子

どもをつぶさに観察して得られた理論である。

　また，ピアジェのバックボーンに生物学があることを知ると，彼の理論の理解が少し進むだろう。ピアジェの理論の中心をなす「同化と調節」は，私たちが食物を食べて消化している（「同化」に相当）と同時に，摂取した物質をもとにして，身体の構造を作り変える（「調節」に相当）イメージと重ね合わせるとよい（Piaget, 1970b: 中垣訳，2007）。

（2）知能の発達のメカニズムと過程

　ピアジェの理論では，知能あるいは論理数学的思考の発達を考えるにあたり，子どもの内部にシェマが生まれ，変化していくことを前提としている。シェマとは，私たちが物を動かしたり，イメージしたり，論理的に考えるための元となる図式のようなものを指す。また，子ども自身が外界や外界に関するイメージと能動的にかかわることによって，シェマが段階を追って行為，表象，論理的操作へと変化していくことも前提としている。

　「外界とかかわることでシェマが変化していく」とは，どのようなことを指すのだろうか？　ピアジェの友人である数学者が子どものころ，小石を並べて左から右に数えてみた。小石の数は 10 あった。次に，右から左へと数えるといくつだろうかと実際に数えてみると，やはり 10 であった。今度は，小石を円に並べて数えてみた。またもや 10 であった。さらに，小石の円を先ほどとは逆に数えると，今度も 10 であった（Piaget, 1970a: 芳賀訳，1972）。

　この例では，「外界とかかわる」とは，小石を数えることである。「シェマが変化する」とは，数に対する認識が変化したことである。最初は，小石を左から数える場合と，右から数える場合とで，数が変わると考えていた。しかし，何度も列の数を変えながら数えるうちに，「列の形を変えても，小石の数そのものは変化しない」ことに気づいた，つまり数に関する認識が変化したといえる。

同化，調節，均衡化

　ピアジェの発生的認識論において，発達を促すメカニズムの 1 つは，同化

と調節である。

同化とは，外界を咀嚼して自分のものにすること，そして，シェマを使って世界を広げていくことである。調節とは，世界を広げる際に，自分のやり方が変わったり，シェマが変わったりすることである。

幼児のごっこ遊びなどの象徴遊びは同化で，誰かのやっていることを忠実に模倣する場合は調節となる（Piaget, 1970b: 中垣訳，2007）。また，数学や理科などの学習において，ある公式をあてはめながら問題を解く場合は同化である。その公式では解けない問題が出てきたときに，公式を変形させたり，他の公式を持ってきたり，新しい公式を編み出したりするのは調節である。

同化と調節がバランスよく働いて，外界の対象を自分の内部に取り込むことができる場合を均衡化という（日下，1994）。うまく調節が働かず，対象を取り込むことができない場合を不均衡という。不均衡が理由となって，学習内容が理解できない場合がある。また，不均衡を解消するような働きかけが均衡化をもたらす，すなわち理解が進む場合もある（岡崎，1999）。

可逆性

可逆性とは，いったん変えたものを元に戻せる性質を持つという意味である。可逆的な現象の例を挙げると，水の温度を下げていくと，ある時点で氷に変化する。その氷の温度を上げると水に戻る。可逆的操作とは，いったん変えたものは元に戻せることを頭のなかで思い描いて，論理的に考えることである。可逆的操作は，ピアジェの発達段階における具体的操作期から徐々にできるようになっていく。

（3）ピアジェの発達段階

感覚運動期（おおむね0歳〜2歳）

感覚運動期は，頭のなかでイメージすることがまだ成立していない時期である。この時期の子どもは，自分の体を動かして，自分の身体や外界の物にかかわることで考える。

前操作期（おおむね2歳〜7，8歳）

　前操作期は，心の中でイメージを形成したが，まだ，可逆的な思考ができない段階である。前操作期は，2つの段階に分かれ，前半は，イメージを使った遊びを盛んにする段階，後半は，直観的に思考する段階である。

具体的操作期（おおむね7，8歳〜11，12歳）

　具体的操作期は，可逆的な思考ができるようになった段階である。具体的操作期では，目の前の事象や，具体的にイメージ可能なものであれば可逆的に思考できる。

形式的操作期（おおむね11，12歳〜）

　形式的操作期は，目の前の事象を離れ，抽象的であったり，事実に反することであっても，論理的に考えることができる段階である。

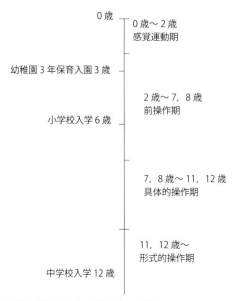

図 4-1　ピアジェの認知発達段階と就園，就学年齢との対応

就園・就学年齢との対応（図 4-1）

　ピアジェの発達段階における各段階への移行の時期と就園，就学年齢は必ずしも対応しているわけではない。幼稚園の 3 年保育への就園は満 3 歳であり，3 歳児クラスの途中で 4 歳の誕生日を迎える。4 歳は，前操作期の前概念的思考の段階と直観的思考の段階とを分ける年齢である。一方，7，8 歳は前操作期から具体的操作期へと移行する年齢だが，小学校 1 年ないし 2 年にあたり，就学年齢とは対応していない。小学校 1 年および 2 年では，生活科が実施され，3 年になって理科と社会に分かれる。また，小学校は前操作期，具体的操作期，形式的操作期の 3 つの段階にまたがっていることにも留意したい。

第 2 節　感覚運動期

　生まれてから 2 年程度の期間は，感覚運動期と呼ばれる。自らの身体を動かして感覚器官から情報を取り入れることで考える時期である。この時期は，反射による行動から，自発的な行動が生まれ，シェマが形成され，感覚運動期の最後には，イメージが形成されるようになる。

　私たちが生まれた直後は，原始反射と呼ばれる反射機能によって外界とかかわる。原始反射には手に何かが触れると手を握る把握反射などがある。原始反射によって外界とかかわっている間に，子どもは，自分の意思によって外界とかかわるようになる。最初にかかわるのは自分の体である。生後 2，3 ヶ月ころには，頬に触れた自分の手を口に持っていってしゃぶろうとする（野村，1980）。

　そのうちに，シーツを繰り返し引っ張ったり，ガラガラを繰り返し振ったりするなど，物にかかわるようになり，生後 8 ヶ月ころには，物は見えていなくても存在していることがわかるようになる（物の永続性）。生後 8 ヶ月ころでは，おもちゃの上に布を被せたときに，布を取り払っておもちゃを取り出すことができる（岡本，1986）。

　1 歳を過ぎると，「ヴァリエーションを含む繰り返し活動（岡本，1986，p.145）」をするようになる。たとえば，ベッドの上から物を落として遊ぶ場

合に，高いところから落としてみたり，低いところから落としてみたり，様々な方法を試すようになる。このような試行錯誤を繰り返して，うまくいくやり方を採用する。さらに1歳後半には，試行錯誤が内面化し，頭のなかで，うまくいくかどうかを試して予想することができるようになる。頭のなかでうまくいくかどうかを試すというのは，イメージが形成されているといえ，2歳ころには，イメージを使った見立て遊びをさかんにおこなう前操作期へと入っていく。

第3節　前操作期

　前操作期はおおむね2歳から7，8歳で，前概念的思考の段階（2歳〜4歳ころ）と直観的思考の段階（4歳〜7，8歳ころ）に分けられる。

（1）前概念的思考の段階（2歳〜4歳ころ）

　生後2年前後を境にして，外界の対象とのかかわり方を内的なイメージとして，頭のなかに思い描くことができるようになっていく。この時期の子どもは，イメージを使った遊びをさかんにおこなう。イメージを使った遊びの代表は，見立て遊び，ふり遊び，ごっこ遊びである。

　図4-2は2歳の見立て遊びの例である。見立て遊びでは，積み木などの物に対して何らかのイメージを重ねることで遊んでいく。同じ積み木であっても，「家」にも「車」にもなる。また，積み木の積み方は，年齢とともに発

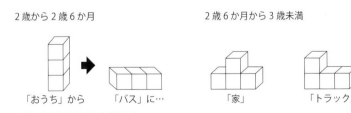

2歳から2歳6か月　　　　　　　　2歳6か月から3歳未満

「おうち」から　　「バス」に…　　　「家」　　　　「トラック」

図4-2　2歳児の構成遊びと象徴遊び

（田中他，2009，左はp.88，右はp.95）

達していき，2歳前半ではタテ方向に積めば「家」，ヨコ方向に積めば「車」という単純なものであったのが，2歳後半になると，2段目の積み木を置く位置が真ん中か端かという2次元の構成によってイメージを表現できるようになってくる（田中他，2009）。

また，この時期にはことばを話し始める。私たちの使うことばは，頭のなかでイメージを思い浮かべることが前提となる。子どもが犬を指さして「ワンワン」と言う場合，実物の犬のことを指し示しているだけでなく，子どものなかの犬のイメージを基にして発話している（岡本，1986）。

（2）直観的思考の段階（4歳〜7，8歳ころ）

直観的思考の段階になると，徐々に外界の対象を分類したり，関係づけたりすることができるようになっていく。ただし，この時期は，自己の視点と他者の視点が未分化である（中心化；Piaget, 1970b：中垣訳，2007）。また，対象の見かけに判断が惑わされやすいし，可逆的操作はまだできるようになっていない。

可逆的操作ができるようになっていないことを示すのが，数の保存課題である。数の保存課題では，同じ数の2列のおはじきのどちらが多いかを問う。最初は，2列を同じ間隔で並べて「どちらが多いか」を質問する（図4-3（a））。最初の質問では，直観的思考の段階の子どもでも，同じであると答える。次に，一方の列の間隔を広げたり縮めたりした後に，もう一度「どちらが多いか」を質問する（図4-3（b））。2番目の質問では，直観的思考の段階の子どもは，見かけに惑わされて長い列の方を「多い」と答える。

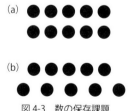

図 4-3　数の保存課題

小学校1年算数と可逆性

　ピアジェの可逆性の観点からすると，たし算 3+2=5 とひき算 5-2=3 は，方向性の異なる同じ操作である（中垣，2011）。言い換えると，3 に 2 をたして 5 になった数から再び 2 をひくと元の 3 に戻るということが，頭のなかでわかることである。さらに，5 は 1 と 4 に分けることもできるし，再び 5 に戻すこともできる。これらの考え方が可能になるのは，可逆性および数の保存が成立してからである。

　小学校1年では，たし算とひき算に至るまでの数をどのように教えるのだろうか？『小学校学習指導要領（平成 29 年告示）解説　算数編』（文部科学省，2018a）では，「A　数と計算」において，ものとものとの1対1対応，個数や順番を正しく数えるといった，就学前の経験から，ある程度できるようになっている知識や技能について指導することが述べられている。次に，数の概念の形成に欠かせないものとして，1つの数の合成や分解が挙げられている。図4-4 は1つの数の合成や分解であり，5 個のおはじきを1と4，2と3 というように，2つの数に分けたものである（文部科学省，2018a）。分けた2つの数は，再び 5 に合成できる。これは，ピアジェにおけるたし算とひき算の可逆性と同じである。

　さらに，文部科学省（2018a）では，整数を 10 のまとまりと端数としてみることにも言及されている。図4-5 では，繰り上がりのある 8+7=15 の計算において，7 を 2 と 5 に分解して，さらに，8 と 2 を合成して 10 のまとまりにし，端数が 5 となる。つまり，数の合成と分解を繰り返しながら，繰り上がりのあるたし算をしていることになる。

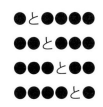

図4-4　一つの数の合成と分解
（文部科学省，2018a, p.80）

① 7を2と5に分ける。8に2を足して10になる。この10と5で15になる。

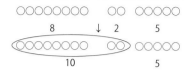

図4-5　10のまとまりと端数

第4節　具体的操作期

　具体的操作期は7，8 ～ 11，12歳ころで，実物や具体的にイメージできることがらについては，見かけに惑わされることなく論理的に操作できるようになる。

　具体的操作期を通して，順を追って保存の概念が成立していく。また，自分の視点から離れて他者の視点から思考できるようになる（脱中心化）。前操作期には，「お父さん」と「おじいちゃん」は知っていても，「おじいちゃんはお父さんのお父さん」であるという関係性については理解が難しい。これは，子どもである自分の視点から離れることが難しいために起こる。具体的操作期になると，「おじいちゃんはお父さんのお父さん」であることの理解ができるようになってくる。子どもである自分から，お父さんへと視点を移すことができるようになるためである。

（1）保存の概念の概要

　具体的操作期に成立する保存の概念は，数，長さ，液量，物質量・重さ・体積である。これらは，具体的操作期を通して，順を追って成立していく。

　数の保存については，具体的操作期に入ると，同じ数の2列のおはじきのうち，どちらか一方の列の間隔を広げたり狭めたりしても，見かけに惑わされることはなくなる。そして，「たしてもひいてもいないから対象の数は変わらない」「並べ方を戻せば前と同じ」だと答えられるようになる。

　長さや液量，物質量・重さ・体積の保存についても，2つの量を比較する

68　　第1部　発　達

際に，見かけに惑わされずに，全体の量は変わらないことや元に戻せば同じになることが理解できれば成立となる。

（2）物質量・重さ・体積の保存概念と小学校3年理科「物と重さ」との対応

ピアジェの物質量・重さ・体積の保存の課題では，丸めた粘土を2個子どもの前に見せ，2個が同じであることを確認する。次に，1個の形をソーセージ型などに変えて，丸い粘土とソーセージ型は「同じだけ粘土があるか（物質量），重さは同じか（重さ），コップの水の中に入れると同じだけ水がこぼれるか（体積）」（武田，1974, p.45）を質問する。

物質量・重さ・体積の保存は，『小学校学習指導要領（平成29年告示）解説　理科編』（文部科学省, 2018b）における3年の「A　物質・エネルギー（1）物と重さ」と関連すると考えられる。「物と重さ」の学習内容は，「(ア) 物は，形は変わっても重さは変わらないこと。(イ) 物は，体積は同じでも重さは違うことがあること」（文部科学省，2018b, p.31）であり，このうちの（ア）は，ピアジェの重さの保存と同様の内容といえる。

重さの保存と「物と重さ」の授業実践例

仮説実験授業「ものとその重さ」の授業実践から，重さの保存について見てみよう（加川，1974）。**図4-6** は，同じねん土のかたまりを，球の形（①），直方体（②），細いひも状（③）に変えたものである。①，②，③の重さについて，①が重くなるか，②が重くなるか，③が重くなるか，どれも同じかが質問された。

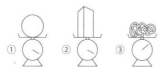

図4-6　仮説実験授業「ものとその重さ」の問題

（加川，1974, p.18）

この問題では，形を変えたねん土が同時に描かれており，はかりの上に乗っているが，ピアジェの重さの保存と同じような問題といえる。この問題の討論では，①，②，③のうちのどれかが重くなると答えた子どもに対して，どれも同じ重さであると予想した子どもが，「重くなるというんなら，その重くなった分はどこからきたというんですか？」（加川，1974, p.19-20）と質問している。この質問は，重さの保存が成立していることを示している。なお，「物とその重さ」については，第9章でも取り上げる。

保存の概念の成立の時期

　ピアジェの研究においては，物質量の保存は7〜8歳ころ，重さの保存は9〜10歳ころ，体積の保存は11〜12歳ころに成立するとされている（武田，1974）。しかし，重さの保存性の理解に関する調査では，小学校3年生，4年生，5年生の正解率は5割程度であり，6年生になって初めて7割に達している（加川，1974）。「物と重さ」は，小学校3年の単元だが，クラスの全員が理解できるわけではないことを，心に留めておくことが必要だろう。

第5節　形式的操作期

　形式的操作期は11，12歳以降である。11，12〜14，15歳ころは，形式的操作の準備期，14，15歳以降は形式的操作の組織化の時期にあたる（Piaget, 1970b: 中垣訳，2007）。

　形式的操作の時期になってくると，具体的な事象がなくても論理的な操作が可能になってくる。また，抽象的な事象や，目には見えない事象，現実に存在しない事象，現実に反する事象などについても考えることができるようになってくる。

（1）形式的操作と原子論の発達段階

　私たちの世界は，原子，あるいは分子と呼ばれる目に見えない粒によって構成されている。そして，原子や分子が液体や固体として集まると，目に見

える物体や物質として私たちの目の前に存在するようになる。目に見える物体や物質がバラバラになって，私たちの目には見えなくなっても，原子や分子は存在しているし重さも持っている。このように，私たちの世界が目に見えない粒で構成されているという世界観を原子論という。原子論は，形式的操作を必要とする世界観である。

原子論の発達段階を見ていこう。原子論は，粒子の保存とかかわっている。砂糖を例にとると，砂糖を目に見えないくらい細かくしていっても，再び寄せ集めれば，元通りの砂糖として目の前に現れることがわかることである。

7，8歳以前では，たとえば「砂糖は溶けると消滅し，甘さはいずれは消えてしまう」と判断する。また，7，8〜9，10歳では，「砂糖は溶けても，目に見えない粒子として存在し続ける。しかし，その粒子には，重さや体積はない」，9，10〜11，12歳では，「砂糖は溶けて，目には見えなくなっても，重さを持った粒子として存在し続ける。しかしその粒子はまったく場所を取らないほど小さい」と判断する。11，12歳に至り，ようやく，「砂糖は溶けて目に見えない細かい粒子となるが，その粒子はもとの砂糖と同じように重さを持ち，しかも一定の空間を占める」と判断できるようになる（Piaget, 1970b: 中垣訳，2007, p.23）。

砂糖粒子の保存は，物質量・重さ・体積の保存と関係しており，物質量，重さ，体積の順で成立する。

（2）「もしもマイナス何百度まで下げられる冷凍庫があったなら」──原子論の理解を促進する想像力

三態変化とは，分子がその温度によって固体，液体，気体と姿を変えることをいう。水の場合は，0度が固体（氷）と液体（水）との，100度が気体（水蒸気）と液体との分かれ目となる温度である。固体から液体，液体から気体となる温度は，分子の種類によって異なる。

空気中に含まれる窒素の沸点，すなわち気体から液体になる温度はマイナス約190度である。マイナス約190度は，日常では目にすることができない温度である。具体的操作期の考え方では，「冷蔵庫や冷凍庫で酸素や窒素が

液体や固体になっているなんて聞いたことも見たこともない。だから無理だと思う」となり，空気が液体になることは想像がつかない。一方，「マイナス何百度まで下げられる冷凍庫があったら，空気は液体や固体になるのではないか」という想像をすることができれば，原子論の理解を促進する（後藤，2006）。マイナス何百度まで下げられる冷凍庫は現実には存在しないため，形式的操作にあたる。

■引用文献

後藤浩之「三態変化 13 時間目」『仮説つれづれ日記』2006 年（http://gkasetsu.blog53. fc2.com/blog-entry-1.html，最終閲覧日 2021 年 3 月 20 日）

加川勝人「仮説実験授業実践ものがたり——〈ものとその重さ〉を実践して（6 年）」板倉聖宣編著『はじめての仮説実験授業』国土社，1974 年，pp.8-39.

日下正一「晩年ピアジェと『均衡化』概念」『福島大学教育学部論集』55（3），37-54，1994 年

文部科学省『小学校学習指導要領（平成 29 年告示）解説　算数編』日本文教出版，2018 年 a

文部科学省『小学校学習指導要領（平成 29 年告示）解説　理科編』日本文教出版，2018 年 b

中垣啓「ピアジェ発達段階論の意義と射程」『発達心理学研究』22（4），369-380，2011 年

野村庄吾『乳幼児の世界——こころの発達』岩波新書，1980 年

岡本夏木「ピアジェ・J」『別冊発達 4　発達の理論をきずく』ミネルヴァ書房，1986 年

岡崎正和「算数から数学への移行期における子どもの論理の発達の特徴——除法の一般化を事例として」『上越数学教育研究』14，39-48，1999 年

大浜幾久子「ピアジェ理論の展開——ジャン・ピアジェ生誕百年にあたって」『教育心理学年報』36，144-155，1996 年

Piaget, J., *Genetic Epistemology*. Columbia University Press, 1970a.（ピアジェ，J.『発生的認識論』芳賀純訳，評論社，1972 年）

Piaget, J., *Piaget's Theory. Carmicael's Manual of Child Psychology*, Vol.1. John Wiley & Sons, 703-732, 1970b.（ピアジェ，J.『ピアジェに学ぶ認知発達の科学』中垣啓訳，北大路書房，2007 年）

武田俊昭「量概念に関する発達的研究」『人文論究』24（1），44-59，1974 年

田中真介監修『発達がわかれば子どもが見える—— 0 歳から就学までの目からウロコ

の保育実践』ぎょうせい，2009 年

■課題

1. 5歳のAちゃんとBちゃんがおやつをもらった（**図4-7**）。Bちゃんが「Aちゃんの方が多い」と言いケンカを始めた。

 1-1　2人のおやつの数は同じだが，どうしてケンカになったのか。2人が前操作期の段階であり，数の保存が未成立であることを踏まえて理由を考えてみよう。

 1-2　2人が納得する形でケンカをおさめるには，どのように援助，介入したらよいか。具体的な言葉がけを考えてみよう。

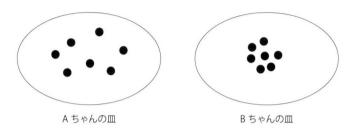

Aちゃんの皿　　　　　　　　　　　　Bちゃんの皿

図4-7　AちゃんとBちゃんのおやつ

2. 小学校3年理科の「(1) 物質・エネルギー」では，物の性質などについて，観察，実験を通して理解することが挙げられている（文部科学省，2018b, pp.29-30）。具体的操作期において，観察，実験を通して理解することの意義を検討してみよう。

3. 形式的操作期には，具体的な事象がなくても論理的な操作が可能になり，抽象的な事象や，目には見えない事象，現実に存在しない事象，現実に反する事象などについても考えることができるようになってくる。このような事象について考える例について，テキスト以外の例を挙げてみよう。

■参考図書

開一夫『日曜ピアジェ——赤ちゃん学のすすめ』岩波書店，2006 年

Kamii, C., Y*oung Children Reinvent Arithmetic: Implications of Piaget's Theory*, Teachers College Press, 1985.（カミイ，C.『子どもと新しい算数——ピアジェ理論の展開』平林一栄監訳，北大路書房，1987 年）

Piaget, J., *Piaget's Theory. Carmicael's Manual of Child Psychology*, Vol.1, John Wiley & Sons, 703-732, 1970b.（ピアジェ，J.『ピアジェに学ぶ認知発達の科学』中垣啓訳，北大路書房，2007 年）

第5章 | 人とのかかわりにみる 遊びの発達

　子どもは，大人の日々の営みに巻き込まれ，参与することによって，成長，発達を遂げる社会的存在である。この章では，社会文化的観点から発達のメカニズムを解き明かしたヴィゴツキーの発達観を基軸に，子どもを社会の担い手へと導く「遊び」について考えていく。

　遊びもまた人とのかかわりのなかに発生し，人とのかかわりのなかで変化するが，ここでは，遊びのなかでも，とくに，人の行為の模倣から始まるごっこ遊びに焦点をあて，その発達変化を事例からみていく。さらに，教育の役割や機能を重視したヴィゴツキーが，ごっこ遊びに注目した理由についてもふれたい。

キーワード
　発達の最近接領域　遊び　社会文化的観点

第1節　ヴィゴツキーの発達観

（1）ヴィゴツキーの生い立ち

　ヴィゴツキー（Vygotsky, L.S.）は，1896年にロシアの中流階級のユダヤ人家庭に生まれた。両親は，高い教育を受けており，わが子の教育にも熱心であった。そのような環境下で，ヴィゴツキーは子ども時代から非凡な才能を示したといわれている。大学では，法律を専攻するが，歴史，哲学，文学と学びを広げ，どの分野においても傑出した才能を発揮し，20代後半から，歴史，文学，演劇や科学について講義をし，論文の執筆も開始している。大学在学

中である 1917 年に，ロシア革命を経験し，新しい社会を創造するという課題に直面し，人間の本質を追究する学問として心理学の研究に着手するようになった。その 10 年後，結核により 37 歳の若さでこの世を去ることになる。しかし，その短い生涯のなかで，多くのすぐれた著作を残し，発達や，学習についての考え方は，現在の心理学研究や教育実践に大きな影響を与えている。

　ヴィゴツキーの特筆すべき点は，社会−文化的状況のなかで人の発達をとらえ，教育の役割や機能を明らかにした点にある。ピアジェ（Piaget, J）が乳幼児を自力で発達していく存在としてとらえたのに対し，ヴィゴツキーは，社会とともに育つ社会的で社交的な存在としてとらえ，子どもの周りにいる他者が育んできた社会や文化が子どもの発達に重要な影響を与えると考えた（森口，2014，p.111）。とくに，「発達の最近接領域」という概念には，教育の重要性を指摘するヴィゴツキーの考え方が端的に表れている。

（2）発達の最近接領域

　発達の最近接領域をヴィゴツキーは次のように説明する（Выготский, 1934: 柴田訳，2001, p.298）。知能テストで 8 歳の知能を示す子どもが 2 人いたとする。この子どもたちに対して，問題の解き方を説明する，答えを導くための質問をするといった問題を解く手助けをした。その結果，1 人の子は 12 歳，他方の子どもは 9 歳の問題を解くことができた。この場合，この 2 人の子どもの知能は同一であるといえるだろうか。確かに，現在の発達水準は同一であるかもしれないが，この 2 人のその後の学びの道筋は異なるのではないだろうか。そして，その後の学びの道筋こそ教育実践にとっては大切なことであると考え，ヴィゴツキーは，自力で達成できる発達水準と，他者の力を借りて達成できる発達水準との間の領域を「発達の最近接領域」と定義し，両者を区別した。発達の最近接領域において，他者の力を借りてできたことは，明日になれば自分の力でできるようになる。つまり，子どもたちは，発達の最近接領域において，他者と協同することにより，今の自分の発達水準を超えた少し背伸びした自分として，学習活動をおこなうことができ，その活動

が，子どもを次の発達水準に導いていくのである。このように，発達の最近接領域は，学びの可能性の領域といえる。他者との協同活動という教育，教授の場が，次の発達を導いていくということをヴィゴツキーは示したのである。

第2節　遊びとは

（1）遊びの多義性

　ヴィゴツキーは，1933年にゲルツェン記念レニングラード教育大学でおこなった講義で，「遊びは，凝縮した形で，虫眼鏡の焦点のように，発達のすべての傾向を含んでいる。子どもは遊びのなかで，自分の普通の行動の水準に対して飛躍をとげようとしているかのようだ」（Выготский, 1966: 神谷訳, 1989, p.30）と述べ，遊びもまた発達の最近接領域を創り出していることを示した。

　ここでは，まず，遊びとはどのようなものであるかについて整理しておこう。遊びは，どの文化においても普遍的にみられるが，その言葉の指し示す内容は，人間の行為の多様で質的に異なる行為を含んでおり，古くはギリシャ時代から現在に至るまで，多くの哲学者や教育学者，心理学者が，遊びを統一的に理解する理論を構築しようと試みてきた。発達心理学の領域において，我が国の遊び研究を牽引してきた高橋（1984, p.2）は，残念ながら現在までのところ，万人の間で同意している遊びの定義はまだ存在しないと述べている。

　遊びという言葉が「これはただの遊びにすぎない」「いつまでも遊んでいないで勉強をしなさい」といった使われ方をするのを耳にしたことがあるだろう。このような言葉の使われ方の背景には，遊びは，価値を生む活動である仕事や勉強を効率よくおこなうための「気分転換」や「気晴らし」にすぎないとする遊び観が存在し，仕事や勉強と相対する概念として遊びがとらえられていることがわかる。

　一方，日本の幼児教育の分野では，遊びは学びそのものであり，子どもの発達を促進させる重要な活動であると位置づけられている。幼児教育の基本

を示す『幼稚園教育要領』（文部科学省，2017, p.2）には，「幼児の自発的な活動としての遊びは，心身の調和のとれた発達の基礎を培う重要な学習である」ことが明記され，遊びを通しての指導を中心に据えた保育が展開されることの重要性が示されている。つまり，ここでは，遊びは学習であると述べられ，遊びが学びの対立概念であることを明確に否定している。

　このように遊びという概念は，多義的であり，両義性のある概念である。では，ヴィゴツキーは，遊びをどのようにとらえたのか。先に記したように，ヴィゴツキーは，遊びは発達の最近接領域を創出し，遊びは発達を一歩前に促進させ，発達の原動力であると述べているのである。つまり，遊びを学びの対立概念としてではなく，教授学習の観点からとらえたのである。

（2）子どもの遊びの特質

　高橋が示した子どもの遊びの特質を何点か紹介しよう（高橋，1984, pp.2-5）。

・遊びは，自由で，自発的な活動である。
・遊びは，面白さ，楽しさ，喜びを追求する活動である。
・遊びにおいては，その活動自体が目的である。
・遊びは，他の日常性から分離され，隔絶された活動である。

　遊びという言葉は保育現場でまれに知識や技能の習得の手段といった意味に使われ子どもに強制されることもあるが，本質的には，遊びは楽しさや喜びを追求し，その活動自体が目的である，自由で自発的な活動である。たとえば，お手紙ごっこを子どもたちはひらがなを習得するためにおこなうわけではなく，おにごっこを身体の敏捷性を高めるために楽しむわけではない。つまり，遊ぶこと，それ自体が目的なのである。

　また，ここで述べられている遊びの面白さ，楽しさ，喜びとは，単に，「快」の感覚を指しているわけではなく，また，遊んでいる瞬間，瞬間がすべて楽しさで満たされているということを意味しているわけでもない，という点も重要である。岩田（2010）は，どの文化でもみられ，いつの時代にお

いても子どもを魅了する「おにごっこ」という遊びについて，恐怖や対立といった一見負の感情につながりかねない要素が「おにごっこ」には含まれていることを明らかにし，遊びというと自由で楽しい印象が強く，楽しくなくては遊びではないというような思い込みを我々が持っているのではないかと指摘している。さらに，「おにごっこ」における対立関係が，現実の「けんか」とは異なり，仮の，つまり，遊びの上での役割としての対立関係であることが重要であり，仲間とともに，競争をルール，約束のもとに楽しむ楽しさが「おにごっこ」にあると述べている（岩田，2010, p.17）。

　この指摘は，子どもの遊びの本質をとらえるきわめて重要な指摘であろう。子どもたちは，日常生活では挑むことができない緊張感をともなう活動やスリルを遊びのなかでは楽しむことができる。さらに，遊びを継続するために，子どもたちは，遊びのなかで生じる様々な課題も避けることなく解決しようと努力し，課題が簡単すぎたり，ルールがあまりに単純であったりすると，子どもたちは「つまらない」と言い，自分たちでルールや制約を設定する。このように，子どもたちは，遊びのなかで，今の自分にとって少し難しいことに挑戦しているのである。一歩先の自分になり活動することが，現在の自分を次の自分へと推し進め，遊びは，発達の最近接領域を創出している。

（3）子どもたちはなぜ遊ぶのか

　ヴィゴツキーもまた，遊びを「子どもに喜びを与える活動」と定義するのは，不適切であると指摘する（Выготский, 1966: 神谷訳，1989, p.2）。なぜなら，おしゃぶりをするなど，遊びよりはるかに強い喜びを与える活動がある。さらに，子どもに不安感や，不快感をもたらす遊びがある。たとえば，子どもは全力を傾けて夢中になって遊ぶ。それゆえに，勝敗がある遊びに負けたときには，悔しくて泣くこともある。

　では，子どもはなぜ遊ぶのか。ヴィゴツキーは，子どもたちにはすぐには満たすことができない欲求や，実現できないことがたくさんあり，その思いを動機として発生する行為が遊びであるという（Выготский, 1966: 神谷訳，1989, p.5）。小さな子どもたちであれば，満たされない欲求に対して，癇癪を起し

床や地面に寝転がったり，泣き叫んだりすることもあるかもしれない。あるいは，大人になだめすかされたり，他に気をそらされたりして，その欲求を忘れてしまうかもしれない。しかし，少し大きくなった子どもたちは，すぐには叶えられない，忘れられない欲求が生じたとき，この緊張感を解消するために，実現不可能な願望を実現できる「想像上の世界」，つまり遊びを創りだす。このように考えているため，ヴィゴツキーにとっては，想像遊び，つまり，ごっこ遊びは数ある遊びの一つではなく，ごっこ遊びこそが遊びであり，発達の最近接領域がもっとも顕著に表れるのだと位置づけている。

（4）想像の世界へ

　ヴィゴツキーは，ごっこ遊びにおいて，想像の世界を創造できるようになることは，「今，ここ」の場面で生じている制約から子どもが解放されたことを意味し，発達的観点から非常に重要な事象であると述べている。3歳に満たない小さな子どもたちは，目の前の知覚したことや，見たもの（視覚的世界）に導かれて行動する。たとえば，ドアは，開閉するように子どもたちを誘い，梯子は登ることへ，鈴は鳴らすよう子どもたちを誘う。このような誘因力がモノには備わっていて，小さい子どもたちは，今日目の前のモノに強い制約を受けるという特徴がみられる。たとえば，2歳の子どもが，自分の目の前にターニャという子が座っているとき，「ターニャが行っちゃった」という言葉を復唱するように求められても，「ターニャが座っている」と目の前の知覚に引きずられて言い換えてしまう。「意味と視覚されるものが密接に合流しており，そこでは意味的世界と視覚的世界の分離は不可能」（Выготский, 1966: 神谷訳，1989, p.19）なのである。

　ところが，遊びのなかでは，子どもたちは，たとえば，木の棒を馬に見立てるなど，意味的世界（馬）と，視覚的世界（棒）を分離し，視覚に引きずられることなく，頭のなかの考え，アイデアから，行為ができるようになる。このように，意味の世界と視覚の世界が分離できるようになることで，子どもたちの世界は飛躍的に広がる。

　しかし，子どもたちは一足飛びに，見たものに依存せずに，自由に思考を

モノから切り離すことができるようになるわけではない。遊びのなかで発生した想像の世界を大人や仲間とともに発展させ，学童期になって，頭のなかだけで想像することが可能な世界へと突入し，抽象的思考を展開するようになる。その発達のプロセスを次にみていくことにしよう。

第3節　遊びの発達

（1）大人とのかかわりから生まれる遊び

　遊びは，先にみてきたように，すぐには満たすことができない欲求や願いを動機として生まれる。では，どのような欲求や願いが子どもたちには存在しているのであろうか。もちろん，空腹や不快感の回避など生きていくために必要な基本的欲求である生理的欲求が存在する。しかし，それだけではない。ヴィゴツキー研究者であるホルツマンとニューマン（Holzman, L. & Newman, F.）は，欲求や，動機，願望，欲望が「社会的」に生産されることをヴィゴツキーは強調している（Holzman & Newman, 2014: 伊藤・川俣訳，2020，p.138）と述べている。

　社会的存在である子どもは，人との交流を通して成長し，そのための仕組みをもって生まれてくる。最近の研究では，乳児でも，ヒトとモノとを区別し，他者の行動の背景に潜む心の状態に敏感に反応することが明らかにされている（明和，2004, p.31）。この領域における先駆的研究をしたメルツォフ（Meltzoff, A.）は，18ヶ月の子どもたちに対して「大人の行動をどのように再現するか」を観察する行動再演法を用いた実験を実施し，子どもが大人の意図を推測し，大人の意図に則した行動を再現することを明らかにしている（森口，2014, p.134）。周囲の大人のふるまいや行為の意図に敏感であるように生まれついた子どもたちは，大人と同じ行為をしたいという願望を抱くため，大人のふりをする行為が発生する。

事例：R　1歳8ヶ月「切るふりをする」
　保育園から戻ったRは，ブロックや積み木を出して遊んでいたが，「まん

ま」と言いながら，料理をしている父親に近づく。父親が「ご飯作っている
から遊んで待ってて」と声をかけ，そのあと「よっ」と言い，力をこめて，
硬いカボチャを包丁で切る。少し離れた場所でそれを見ていたＲは，おも
ちゃの包丁をおもちゃ箱から出してきて，床に座り，父親と同じように「よ
っ」と言い，四角い積み木を切るふりをする。父親はそれに気づき，「Ｒも
かぼちゃを切っているのか」と笑いかける。Ｒは，父親を見上げ，うなずき，
真剣な表情で，積み木を次々と切るふりをする。父親は，その姿を見て，リ
ズミカルに，「よっ，よっ，よっ」と言いながら，料理を続ける。Ｒも，「よ
っ，よっ」と言いながら包丁で切るふりをする。

　初期の遊びは，日々の生活のなかの小さな行為の再現から始まるが，単な
る再現ではない。子どもは日常生活の相互作用のなかで他者を創造的に模倣
している。模倣は能動的で創造的で基本的に社会的プロセスである
（Holzman, 2009: 茂呂訳，2014, p.45）。Ｒは，非常に多くの事象のなかから，なぜ
この行為を再現したのであろうか。ヴィゴツキーは，遊びにおける情動につ
いて「子どもの空想がつくりあげた強盗のイメージは非現実的ですが，子ど
もが味わった恐怖や驚きは全く現実であり，子どもにとってはリアルな心的
体験」（Выготский, 1930/1967: 広瀬訳，2002, p.29）と述べている。強盗のイメー
ジほど強烈な情動ではないが，Ｒは父親と自分を重ね合わせ，父親の行為を
真剣に再現し，おそらくそこに「楽しさ」を感じている。一人の行為であり
ながら，背景に「父親のイメージ」を持っているという点において，ごっこ
遊びの始まりのときから，社会的プロセスを含んでいるのである。
　また，大人が，子どもとともに「遊び」を創り出しているという点も重要
である。麻生は，幼い子どもはそもそも遊ぶということを知らず，発達に応
じた大人の遊びモードにおける適切なかかわりのなかで，ゆっくりと遊ぶ力
を獲得する，つまり，遊びは，大人と子どもの狭間に発生する現象であると
述べている（麻生，1998, p.14）。先ほどの事例では，子どもの「真剣な」ふり
行為に対してほほえましいという気持ちが引き出されたのか，大人は笑いか
けるという肯定的反応をし，さらに，「よっ」と繰り返し，遊びモードのかか
わりをしている。保育現場においては，ごっこ遊びを始めたばかりの子ど

もに対して，保育者は，「おいしそうだね」「上手に切れたね」と言葉をかけたり，「ああ，おいしい，ありがとう」と食べるふりをして応じるなど，より確かな想像の地平へと子どもたちを誘う役割を担っている。

（2）役割遊びの発生

　子どもの興味，関心は，ある行為をしている「大人」から，「大人同士の社会的関係」へと移っていき，それにともない，遊びのなかでも，社会的関係を表現するようになっていく。

事例：T　５歳６ヶ月

　Tは，大学のプレイルームに月に一度来室しているダウン症女児である。大学に来ると身近な出来事をテーマに，ごっこ遊びを展開することが多かった。特定の使用方法を想定したおもちゃ（おままごとの道具）を使用してのごっこ遊びは大好きであったが，幼稚園では，友達と見立て遊びを楽しむことは少し苦手であるようだった。この日，来室するとすぐに，「お医者さんをやる」と言う。母親に尋ねると，風邪をひき，医者に何回か通ったという。大学生Aが「喉が痛いんですけど」と言うと，「注射はどうしますか」とAに聞く。Aが「お願いします。熱があると思うんですけど」と言うと，「こまっちゃうなあ，はいあーんして」と声のトーンをいつもより下げて言う。

　このとき，Tは普段の口調とは明らかに異なる口調を用いており，患者としてのAは，Tから威圧感を感じたという。ボールペンを注射に見立て，注射をするなど，医者の行為を真似ることはこれまでもあったが，威圧感を感じるような医者を演じたのはこのときが初めてであった。

　子どもたちのごっこ遊びは，初めは，大人の行為を再現することから始まるが，のちに，親と子，父親と母親，医者と患者といった社会的関係を遊びのなかで表現するようになる。ガーベイ（Garvey, 1984: 柏木・日笠訳，1987, p.254）は，ある役を演じている子どもたちは，その子どもたちが思うその役「らしさ」を表すために，口調を変えたり，いつも使わない言葉遣いをした

り，類型化された役割行動を際立たせていると述べている。たとえば，子ども
もを怒るときに，親が実際に怒るときよりも大げさに怒る，やさしくふるまう
うときにも，大げさにやさしくふるまうなどの言動がみられるという。

（3）遊びにおけるルール

ヴィゴツキーに師事し，のちに，ヴィゴツキーの遊び論を展開したエリコ
ニン（Elkonin, D. B.）は，興味深い事例を報告している（Эльконин, 1978: 天野・
伊集院訳，2002, p.108）。ある日エリコニンは娘たちと過ごしていた。昼食時に，
小麦粥を用意したところ，2人の娘ともに，小麦粥を食べることを断固とし
て拒否したという。ところが，子どもたちが幼稚園ごっこのなかで園児役と
なり，保育者役となったエリコニンが，幼稚園の昼食として先ほどの小麦粥
を用意したところ，2人とも何の抵抗もなくたいらげ，満足気でさえあった
という。父親と娘という現実の関係は，遊びのなかでは，保育者と園児とい
う関係に変わり，園児らしくふるまうことが子どもたちにとって大切なこと
であったためと解釈できるとしている。

また，高橋は，ヴィゴツキーに師事したマカレンコ（Makarenko, A. S.）の観
察事例を紹介している。直立不動という一定の姿勢を保持する時間が，遊び
のなかで「歩哨」の役割を引き受けることによって著しく増大するというの
である（高橋，1984, p.109）。

遊びのなかで，子どもが自分の願望（たとえば，母親役をやりたい）を実現
するためには，様々なルールに従わなければならない。たとえば，母親役は，
母親らしくふるまうことが求められる。母親としてふさわしいと思えば，友
達には貸したくない人形を，母親として子ども役の子どもに渡すことができ
るのだ。ヴィゴツキーは，このような役割を果たすための制約をごっこ遊び
の伏在的なルールであるという。

ルールに従い，自発的行為を抑制することを自己決定することは，子ども
にとって必ずしも苦痛ではない。むしろ，子どもにとって，ただ走り回るだ
けの遊びはつまらないし魅力はない。「ルールの遵守は，直接的な衝動より
も大きな，遊びによる楽しみを約束する。子どもは患者として泣き，遊び手

として楽しんでいる」（Выготский, 1966: 神谷訳, 1989, p.24）。

　このように，役割を担うために，ルールに従う楽しさを味わった子どもたちは，のちに，トランプや，チェス，ある種のスポーツ競技など，勝敗そのものを楽しむゲーム，すなわち，ルールが顕在化した遊びを楽しむようになる。遊びのなかで経験したことが，子どもたちを次の発達のステージへと引き上げるのである（Holzman & Newman, 2014: 伊藤・川俣訳, 2020, p.134）。

（4）仲間との遊びの世界

　日常生活での経験を蓄積し，ごっこ遊びの素材となるイメージを豊かに持つようになった年長の子どもたちは，仲間とイメージを共有しあい，幼児期の遊びの頂点と位置づく仲間とのごっこ遊びを楽しむようになる。少々長い事例になるが，子どもたちが，現実の出来事や想像上の事象，一人の子どものアイデアと他の子どものアイデア，モノと人などをどのように関連づけ，物語を創出しているかを読み取ってほしい。

事例：年長クラス　4名（A，B，C，D）
　A「今日は私がおかあさんやる」と幼稚園ザックを下ろさずに，おままごとコーナーにいるB，Cに言う。すでに，おかあさん役となっていたBが「え，私がおかあさんだよ。ね？」とCに言うが，Aは，その場を離れていたため聞こえていなかった。ザックを置いてからおままごとコーナーに戻ったAが，「今日は寝坊しちゃったわ。た〜いへん。みんな，自分で用意しなさい」といきなりお母さん役としての言葉を発する。B，Cは，その言葉を聞くと笑い声をあげる。A「ママ，今日起きなかったんだよ。自分で起きないのに，私たちのこと怒ってんの」B「へえ，お弁当は？」A「パパが作った」B「へえ……」と，今朝のAの家の様子を共有しあう。母親が寝坊をするというイレギュラーな設定に子どもたちは皆嬉しそうにしている。B「じゃあ，今日はおねえちゃんがお弁当作るからね。あらあ，卵がないわ。Cちゃん買ってきて」C「え？　お店屋さんまだやってないよ」と言うが，教室内を歩き回り，「ただいま，買ってきた」と言って，にわとりのぬいぐるみ

を机の上に置く。皆がそれを見て笑う。A「にわとりさん，早く卵を産みなさい。産まないとあんたを食べちゃうよ」と，少し怖い声を出して言う。B「けっこ，けっこ，こ，こ，こ，こ……。ハイ，産んだよ」と，手には何も持っていないが，あたかも卵を持っているかのように，Aに差し出す。Aは受け取ったふりをして，さらに卵を割るふりをしてフライパンに卵を入れる。「忙しい，忙しい，早く作らなくっちゃ」と言う。B「あれ，私が作るんだったのに」とつぶやく。そこに，Dが登場し，「さあ，みんなディズニーランドに行くわよ」と誘う。A「え？　幼稚園どうしましょう？」「今日はお休みの日ってことね」と言い合い，皆でディズニーランドに行くことになる。A「私は，これを着ていくわ」と，幼稚園の衣装棚からお姫様用の衣装を出してくる。B「変だよね？」C「変」D「そんなかっこでディズニーランドには行かない」と口々に皆が言うが，Aが「いいの，私はこれを着ていく」と宣言すると，D「じゃあ，みんなで，ディズニーランドでファッションショーするというのは？」「いいわあ」「あなたはこれを着て」皆で衣装を選び出す。「きれい，これ。人魚姫みたいだわ」と，透き通った衣装をみつけたCが言い，そこからCが「私は人魚姫だ」と言う。C「人魚姫はね，死んじゃうのよ。」B「あ，わかった，ディズニーランドにお墓を創りましょう」D「死んじゃうのやだから，亀に助けられることにしよう」C「いいの，私は死んじゃうの」と言って，床にうずくまる。Aが「大変だわ。助けなくちゃ」というと，Bが，鍋をコンロにかけ，「これね，お薬でね，人魚が生き返るのね」と言う。Dが「そうそう，生き返るのね。これも混ぜましょう」と何かをふりかけるふりをする。A「できたわ」と言い，コップを用意し，Bがそれに入れるふりをする（実際には何もはいっていない）。B「さあ飲んで」とDに飲ませるふりをする。Dは飲むふりをし「ありがと！　元気になったわ」と言って立ち上がる。皆で喜び合い，ディズニーランドに行く準備を始める。

　仲間とのごっこ遊びでは，一人一人の物語が重なり合い，一人では生み出せなかった豊かな世界を創り出すことができる。この事例も日常の経験を素材としながら，次々と新しいアイデアを出し，そのアイデアを受け入れるた

めに，全体として整合性が取れるように，物語は変更される。ソーヤー（Sawyer, K）は，子どもたちの社会的ごっこ遊びを，オーケストラになぞらえ，多層的な声が重なり合い，モチーフ，テーマが同時に生起するが，あるときはあるモチーフが表面に出てきて，あるときは，そのモチーフは水面下で音を奏でる（Sawyer, 1997）という。それぞれの演者が生かされたとき，響き合う音が奏でられるのではないかと思う。協働的な創造の楽しさをしっかりと味わうことは，その後の人生における学びを確かなものとするに違いない。

　ホルツマンは，ヴィゴツキーの「遊びのなかで，私たちは今ある私たちだけでなく，同時に，何ものかになろうとし，大人や周囲の年長者と遊ぶことで，学習のパフォーマンスを創造しながら，乳幼児は学習する」という言葉を引用し，さらに，「自分が成ろうとしている人とかかわるとき，すべての年齢のあらゆる人が発達できる」と述べている。子どもたちは，遊びのなかで，なりたい自分となり，他者と協同し，世界を作り上げていく。子どもたちの役割が，私たちが創ってきた歴史，文化を新たなものに創り変えることであることを考えるとき，遊びの重要性が一層深く理解できる。

■引用文献

麻生武「なぜ大人は子どもと遊ぶのか」麻生武・綿巻徹編　『遊びという謎』ミネルヴァ書房，14，1998 年

Эльконин, Даниил Борисович, *Психология игры,* 1978（エリコニン『遊びの心理学』天野幸子・伊集院俊隆訳，新読書社，108，2002 年）

Garvey, C., *CHILDREN'S TALK,* William Collins Sons & Co. Ltd, 1984（ガーヴェイ，C.『子どもの会話——"おしゃべり"にみるこころの世界』柏木恵子・日笠摩子訳，サイエンス社，254，1987 年）

Holzman, L., & Newman, F., *LEV VYGOTSKY Revolutionary Scientist,* Taylor & Francis, 2014（ホルツマン，L.・ニューマン F.『革命のヴィゴツキー——もうひとつの「発達の最近接領域」理論』伊藤崇・川俣智路訳，新曜社，138，2020 年）

Holzman, L., *Vygotsky AT WORK AND PLAY,* psychology press, 2009（ホルツマン，L.『遊ぶヴィゴツキー——生成の心理学へ』茂呂雄二訳，新曜社，45，2014 年）

岩田恵子『遊びがもっと魅力的になる！　3・4・5 歳児の言葉がけ——おにごっこ編』明治図書，17，2010 年

明和政子『なぜ「まね」をするのか——霊長類から人類を読み解く』河出書房新社，

31，2004 年

森口佑介『おさなごころを科学する――進化する乳幼児観』新曜社，134，2014 年

文部科学省『幼稚園教育要領』 2017 年，p.2

Sawyer，R.K., *Pretend play as improvisation : Conversation in preschool. classroom.* Laurence Erlbaum Association, 1997.

Выготский，Л．С., *Мышление и речь,* 1934（ヴィゴツキー『思考と言語 新訳版』柴田義松訳，新読書社，298，2001 年）

Выготский，Л．С., *Развитие социальных эмоций у детей дошкольного возраста,* 1966.（ヴィゴツキー他『ごっこ遊びの世界――虚構場面の創造と乳幼児の発達』神谷栄司訳，法政出版，2, 1989 年）

Выготский，Л．С., *Воображение и творчество в детском возрасте,* 1930/1967.（ヴィゴツキー『新訳版 子どもの想像力と創造』広瀬信雄訳，新読書社，29，2002 年）

高橋たまき『乳幼児の遊び――その発達プロセス』新曜社，2-5，1984 年

■課題

1. 幼児期から小学校までの期間に誰とどのような遊びをしたかを思い出し，遊びごとに，遊んでいたときの感情を記述してみよう。それらの遊びが，そのときの自分にどのような意味を持っていたかを考察してみよう。
2. 発達の最近接領域についての知見を活かした教授場面の例をいくつか考えてみよう。
3. 身の回りの子どもについての遊びを観察し，年齢によってどのような違いがみられるかを考察しよう。

■参考図書

ヴィゴツキー『思考と思考 新訳版』柴田義松訳，新読書社，2001 年

今井和子『なぜごっこ遊び？――幼児の自己世界のめばえとイメージの育ち』フレーベル館，1992 年

岩田恵子『遊びがもっと魅力的になる！ 3・4・5 歳児の言葉がけ――おにごっこ編』明治図書，2010 年

小山高正・田中みどり・福田きよみ編『遊びの保育発達学――遊び研究の今，そして未来に向けて』川島書店，2014 年

第6章 自己と自我の発達

　本章では，他者とのかかわりから生まれ，他者からもどのような人かと認識される「自己」と，様々なものを感じたり，考えたり，行動したりする自分の中核にある「自我」をあわせた成長・発達を，エリクソンの「心理社会的発達理論」を通して理解していきたい。

　この「心理社会的発達理論」は，人の成長・発達について生まれてから老年期までの一生涯を見通しているものである。教育の場で目の前にいる子どもの現在の発達段階を知るだけでなく，それまで積み上げられてきた発達課題や，今後身につけていく発達課題をみながら，「自己」と「自我」に関する個人の発達を俯瞰していきたい。

キーワード
　エリクソン　アイデンティティ　心理社会的発達理論　発達課題　生涯発達

第1節　エリクソンの心理社会的発達理論

（1）はじめに

　「わたし」とは何者なのだろうか。「わたし」は何をしていく存在なのだろうか。

　これは青年が自分の将来の生き方を考える揺らぎのなかで，多くの人々が感じているものであろう。人によってはこれらのことで悩み，なかなか霧の晴れない思いをすることもある。

　心理学では，この「わたし」を，他者とかかわることで育ち他者からも

「このような人」と認知される「自己」と呼び，人がいろいろなものを感じ，考え，行動するときに自分の核となる部分を「自我」といってきた。「自己」は社会のなかで人が作られていくことに注目し，「自我」は「わたし」の行動を決める元となる個人の内面に存在する根源的なものである。

エリクソン（Erikson, E.H.）は，「わたしとは何者であるか」を探り見出したものを，彼自身の造語である「アイデンティティ」と名づけた。

彼は自らの生い立ちによる影響を受け，彼自身の精神分析家としての臨床活動による経験，また非武力の戦いを謳ったマハトマ・ガンディーや宗教改革を進めたマルティン・ルター等の人生を，とくに青年期に着目して，「アイデンティティ」という概念を形作っていった。

（2）心理社会的発達理論

エリクソンによる「心理社会的発達理論」は，「乳児期」から「老年期」に至る各段階を追って少しずつ進み，それぞれの段階に位置づけられる発達課題が積み上げられていく様子を表したものである。

「アイデンティティ」はエリクソンによる「心理社会的発達理論」の中心的な概念として，第5段階に現れる「青年期の発達課題」と位置づけられている。

この理論は，人は生まれたときから予定された発達段階に沿って成長すると考えられており，各発達段階には乗り越えるべき課題（発達課題）と危機（心理社会的危機）が設定されている。

そして，発達課題がどのように解決されるか，もしくは解決されないかによって，その後の人格形成に影響を及ぼすとされている。

心理社会的発達理論では，発達段階が8段階に分けられており，各段階の発達課題が「対」という形で表記されている。年齢については目安として加えている。

1. 乳児期　（0歳〜1歳6ヶ月ころ）：基本的信頼感 対 不信感
2. 幼児前期（1歳6ヶ月ころ〜4歳）：自律性 対 恥，羞恥心
3. 幼児後期（4歳〜6歳）　　　　：自発性 対 罪悪感

4. 学童期（6歳〜12歳）：勤勉性 対 劣等感
5. 青年期（12歳〜22歳）：アイデンティティ 対 アイデンティティの拡散
6. 成人期（就職して結婚するまでの時期）：親密性 対 孤立
7. 壮年期（子どもを産み育てる時期）：世代性 対 停滞性
8. 老年期（子育てを終え，退職する時期〜）：統合性 対 絶望

第1段階　乳児期（基本的信頼感 対 不信感）

　乳児期は，乳児が養育者との一体感や養育者に対する信頼感を経験する時期で，発達課題とその危機は「基本的信頼感 対 不信感」である。

　基本的信頼感とは，他者からありのままを受け入れてもらえる安心感と，他人に受け入れてもらえる自分を価値のある人間だと思える自分への信頼感のことで，他人と情緒的で深い人間関係を築くための基礎になるものである。

　乳児期のうちに，養育者から母乳やミルクをもらい，おむつを交換され，あやしたり寝かしつけたりしてもらうなど，多くの世話を受けることで，基本的信頼感が育まれていく。

　乳児期に基本的信頼感が十分に育まれないままになると，安心感や自信が持てず，自分や他人に対する不信感が募っていく。

　乳児期に芽生えた不信感は払拭することが難しく，その後の人生を通して心のなかに残ることが多い深刻なものになる。

第2段階　幼児前期（自律性 対 恥・疑惑）

　幼児前期は，全身の筋肉や運動機能が発達し，自分の意思で行動できるようになる時期である。

　養育者から「しつけ」を受けるなどありのままを受け入れてもらえるだけではいられなくなり，公園や保育所など家庭外の社会に出て他児と出会うと自分の欲求が通らない経験もし，子どもは不安を感じることが多くなる。

　トイレトレーニングなどに失敗する恥ずかしい思いを経て，成功すれば自分でできたことを喜び周囲からは褒められる。その経験を積み重ねることで，自律性（自分をコントロールすること）を身につけようとする。

　しかし，養育者から過剰に干渉されたり，頭ごなしに叱られたりしている

と，自分の行動を恥ずかしく思って自信が持てなくなり，「失敗するのではないか」「バカにされるのではないか」といった疑惑を持つようになってしまうのである。

第3段階　幼児後期（自発性 対 罪悪感）

幼児後期は，自分の意思で行動する一方で自制心が育まれていき，ルールを守ったり，養育者や友だちに合わせたりすることもできるようになる。

何事にも果敢にチャレンジしていく積極性（自発性）が高まる一方で，失敗して叱られたり失望されたりするのではないかという恐れや，うまくいかなかったことに罪悪感を抱くようになる。

この時期に養育者や幼稚園・保育所で怒られてばかり，他の子と比べられてばかりの子どもは，罪悪感が募って周囲の目を気にしたり，自発的に行動できなくなったりするのである。

第4段階　学童期（勤勉性 対 劣等感）

児童期・学齢期は，子どもが学校に入り，それまでとは比べものにならないくらいの知識や技術を学習したり，友だちとの集団生活に適応したりする時期である。

ここでいう勤勉性とは，社会に関心を示して自発的に加わろうとしたり，宿題など物事を完成させることで周囲から認められたりといったものを学習することである。

いくら頑張ってもうまくいかず，周囲に認められない経験が積み重なると，自信をなくして劣等感を募らせていく。劣等感が強まりすぎると，友だち関係や学力など様々なところに影響を及ぼし，学校不適応に陥る可能性も高まる。

第5段階　青年期（アイデンティティ 対 アイデンティティの拡散）

青年期は，子どもが第二次性徴や性的欲求の高まりなどによって男らしさや女らしさを意識するようになると同時に，「自分とはどんな人間か，何になりたいのか」に関心が向くようになる。基本的には，22歳ころ（大学卒業

前後）までとされていたが，最近では30歳前後までがこの青年期に当てはまるとの見方もある。

アイデンティティとは，「わたしはわたしである」という確信や自信のことである。青年は，「わたしはわたしである」という感覚を見つけようともがき苦しむなかで，自分なりの価値観や仕事などを見出して，社会生活を送っていくようになる。

しかし，心も体も揺れ動く不安定な時期なので，自分のことがわからなくなって混乱し，うまくアイデンティティを確立できずにいると，人格や情緒が安定せず，社会にもうまく適応できなくなってしまう。

第6段階　成人期（親密性 対 孤立）

成人期は，就職して結婚するまでの時期である。

親密性とは，自分のかかわる物事に親密さを感じることであり，他者（とくに異性を指す）と互いに親密な関係性を築くことである。

年齢相応に親密性を持つことで，就職や恋愛・結婚といった人生の節目をうまく乗り切ることができるようになる。

親密性の獲得に失敗すると，情緒的で長期的な人間関係が維持できず，表面的で形式的な人間関係しか築けずに孤立していく。

第7段階　壮年期（世代性 対 停滞性）

壮年期は，結婚して子どもを産んで育てていく時期であり，親として過ごす時期ともいえる。世代性とは，自分自身の子どもを育むだけでなく，親密な存在や次の世代を育てていくことに関心を持つということである。

この時期は，子どもを産み育てることや，所属する社会の後輩などを教育したり，地域の伝統を継承したりするなど，自分個人を犠牲にしても自分以外の何かにかかわり，そこから自分一人では得難いものを得られるようになる。

しかし，世代性がうまく獲得できないと外に向けられるエネルギーが自分に向けられ，「自分が第一」という感覚が抜けず人間関係は停滞し，次第に疎遠になっていくことも少なくない。

第8段階　老年期（統合性 対 絶望）

　老年期は，子育てが終わり，退職して余生を過ごす時期である。それはまた身体の老化と直面し，死と向き合うことになる時期でもある。

　統合性とは，老年期までの各発達段階で獲得してきたものを振り返ってみて，自分の人生を受け入れて，積極的に統合することである。統合性を獲得することで気持ちや情緒が安定し，円滑な人間関係を維持し，趣味やライフワークを心の底から楽しむことができる。

　しかし，自分のこれまでの人生を受け入れられないままだと，人生を後悔して新たな自分を探し求め，身体の老化や時間のなさに不安や焦りが募って絶望してしまうことになる。

　以上のように，一つひとつ段階を重ねていき，生涯を通して「わたし」を形成していくのである。

第2節　エリクソンの生い立ちとその生涯

　ここではフリードマン（Friedman, L.J.）がエリクソン本人や妻，関係者から話を聞き取りまとめたエリクソンの伝記の抜粋を紹介し，個人的な背景を示すと同時に，生涯発達の具体的な事例として本理論の参考にしていく。

　理論を学ぼうとするとき，その考えを持つに至ったその人自身の背景を知ることは理解を深めることにつながる。とくにエリクソンが精神分析家であり，生きづらい人々の手助けをする仕事である職業アイデンティティを持つことはとくに関連があると考える。

（1）誕生

　頭脳明晰で活発な母親カーラは，デンマークのユダヤ人社会の名家の出身で，若くして母親（エリクソンにとって祖母）を亡くしたものの，伯母，父親，兄弟から愛情を受けて育った人であった。当時のユダヤ人女性としては珍しく高校に進学し，また心赴くままに行動する彼女は「名家の女性らしい振る

舞いを身につけなかったのではないか」と親族に心配されていた。

　カーラは21歳のときに，ユダヤ人の株式仲買人であったヴァルデマール・サロモンセンと結婚をするが，すぐにカーラのもとを去っている。

　その数年後1902年にエリク（当時のエリクソンの名前）が誕生するが，名家の一族であることからスキャンダルを嫌がり，カーラを休暇中で滞在していたドイツのフランクフルトに留まらせて，一族の地元から離れて生活することになった。またカーラは，実際にはあり得ないにもかかわらず，エリクの出生証明書に数年前に失踪したヴァルデマール・サロモンセンの名前を父親であると記し，生涯実父が誰なのか明かさなかった。このことがエリクソンにとって，自らのアイデンティティを探求することにつながっている。

（2）子ども時代から学業修了まで

　出生の謎が明かされぬまま成長していくエリクは，自分の外見が金髪で青い眼のデンマーク系北欧人を思わせる風貌である一方，母親カーラは黒髪と黒い眼を持つユダヤ人であったため，周囲の人々から好奇の目で見られていた。さらに実家からも離され孤立していたことで母子は身を寄せ合わさざるを得ない暮らしを送り，二人の絆は特別に強かったといわれている。

　エリクは幼いころ病弱で胃腸も弱く，ユダヤ人小児科医のテオドール・ホンブルガーの診察を受けていた。カーラとこの医師は惹かれ合い，1904年に結婚する。このことでカーラの名誉が挽回され実家から歓迎されるようになったが，エリクは母との間に割り込まれたように感じた。そしてテオドールが実父だとカーラから説明されたが，エリクは信じなかったという。その後3人の妹が誕生することになる。

　テオドールはユダヤ教会の指導者的存在で，家庭でも子どもたちにユダヤ教を忠実に教えた一方で，カーラもその意向に沿いながらもエリクにだけは，「一人の人間として神に対峙し，自分なりの目標と信仰を見出すように」とキルケゴールのキリスト教の精神もあわせて教えた。

　エリクは6歳からフォルシューレと呼ばれる9年制の小学校（一部の生徒は4年で卒業）に通うようになる。このときの辛い体験として，学校では

「ユダヤ人」の家系であるといじめられ，ユダヤ教会では外見から「キリスト教徒」と揶揄され，自分のルーツについて後々まで不安定さを持ち続けてきた。

　小学校を4年で卒業したエリクは，ギムナジウム（大学進学を目指す中高一貫校）へ進んだが，学校が好きになれず，学校の厳格な規律や丸暗記中心の授業や芸術的な感性が欠如した生活に魂が押しつぶされつつあると感じていた。この時期に読んだ書物の多くは，異なる社会間の争いや自己の内部の葛藤を主題にしたものであった。

　のちに青年期研究で頭角を現し精神分析家となったペーター・ブロスとは，ギムナジウムの最終学年で同級生として出会い，繰り返し胸の奥にある思いを打ち明け合える交友関係を持った。二人はとくに父親と母親が異なる文化と宗教を持っていたことが共通し，相手の気持ちがよく理解できたという。

　1920年，18歳でギムナジウムを卒業するが大学には進学せず数ヶ月間放浪の旅に出て，読書や自分の考えをノートに書き綴る生活を送って過ごした。そして翌年，バーデン州立芸術学校に入学し，養父テオドールの期待した医師になる道と決別した。また芸術家グスタフ・ヴォルフとの出会いでは，「外見や形式にとらわれず，芸術を通して自分自身の魂や本質に近づくこと，また社会と自分とを結びつけることの大切さ」を知ることとなった。この考えに影響を受けながらも，芸術家としての将来の不安や養父の期待通りではない道を選んだ不安感から，このころエリクは神経過敏となり，旅に出たり読書に耽ったりし情緒不安定であった。この時期をのちにアイデンティティの危機に陥っていたと振り返っている。

（3）最初の仕事と結婚

　1925年，芸術を仕事として生活していく不確実さに思い悩み，憂鬱で体調も崩していたころ，ギムナジウムで同級生であったブロスが新たな種類の仕事を紹介した。ブロスがオーストリアのウィーンで家庭教師をしていた家庭の父親は，シグモント・フロイト（精神分析学の創始者）から精神分析を受けており，子どもたちもまたアンナ・フロイト（シグモント・フロイトの娘

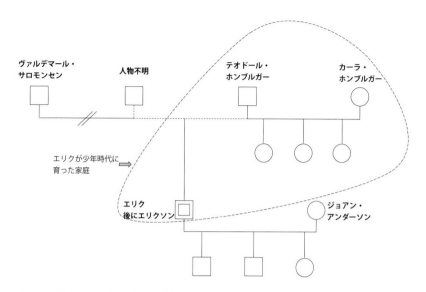

図6-1 エリクソンのジェノグラム（家族世代関係図）（筆者作成）

で児童精神分析家）から分析を受けていた。家庭教師先の母親ドロシーとアンナはブロスを気に入り，「ヒーツイング学校」の設立とそこでの教師をブロスに任せることになったことからエリクが誘われ，彼にとってこれが最初の定職となったのである。

　ヒーツイング学校で教師になったエリクは，子どもを扱う優れた才能をアンナ・フロイトによって見出される。その才能を買われ，エリクにモンテッソーリ教師養成コースで教員免許を取得させたり，精神分析家としてのトレーニングをアンナ・フロイト自身が引き受けたりして，教育や子どもの精神分析という天職に出会い，人生が拓けていった。シグモント・フロイトとも直接交流し，また著作を通して学び，1933年（31歳）にはウィーン精神分析協会の正会員に認められ，世界中で精神分析の仕事ができるようになった。

　その数年前の1929年（27歳）には，ウィーンを研究の目的で訪れていた現代舞踊研究家のジョアン・アンダーソンと出会い，翌年結婚して2人の息子と1人の娘を持つことになる。またユダヤ教徒ではない人との結婚は，両親とは異なる道を選ぶ決断でもあった。ジョアンは伝統に縛られない自由さ

と知性を備え，のちにソーシャルワーカーとして活躍し，エリクが母国語ではない英語で論文を執筆するのを助け，研究を手伝い支えとなった。

（4）アメリカでの生活

1930年ころナチス勢力が強まり，フロイトの著作にも圧力がかけられて，1933年にエリクは家族とともにアメリカのボストンに渡った。移住にはアメリカの土地に慣れるための苦労もあったが，精神分析の本場ウィーンからの専門家は大切に迎えられたという。アメリカの心理学者や文化人類学者ともかかわり，仕事の幅を広げていった。

1939年（37歳）に帰化申請が認められ，アメリカ人となった。そのときに自ら申請書に記したのは，職業「心理学者」／出生地「ドイツ」／人種「スカンジナビア人」（北欧人）であり，名前は「エリク・ホンブルガー・エリクソン」と改めた。「エリクソン」には，「エリクの息子」つまり「わたしという存在は自分が生み出したものである」という意味が込められていた。

そのころ，カリフォルニア大学バークレー児童福祉研究所から正常児を対象にする研究に誘われ，精神分析臨床を開業する援助，教育活動の自由が保障され西海岸に移った。1940年代半ばに独自の臨床と研究に時間を取り，第二次世界大戦の兵士の事例から「彼らは日常から突然引き離され，見知らぬ土地に行き恐ろしい戦争にさらされ，アイデンティティのまとまりを失った人々だ」という解釈を見出し，アイデンティティの拡散の概念をまとめた。1950年（48歳）には『幼児期と社会』を出版し，人間個人の理解に対してシグモント・フロイトの生物学的観点に新たな社会・文化的観点を加えた。

再び東海岸地域に戻ったエリクソンは，青年期の精神分析治療に没頭し，アイデンティティとライフサイクルについて多くの発表をし，それらがまとめられて公刊された。

その後歴史上の人物にも関心を寄せ，アイデンティティとライフサイクルの個人的な要素に，時代や文化がどのように影響を与えたか，マルティン・ルターやマハトマ・ガンディーらを精神分析的に研究した。臨床場面で会う青年たちの宗教や思想，良心の呵責の悩みに，青年ルターのアイデンティテ

ィの危機とキリスト教危機を関連させ，ルターの思想が「神の声を聞いて応答する」から「心の奥から聞こえる自分の声を聞く」へと変わっていったプロセスを論じた。

1960 年からはハーバード大学で教育に情熱を注ぎ，1970 年（68 歳）に教授職を退いた。

その後も著作『ライフサイクル，その完結』『老年期——生き生きしたかかわりあい』を出版し，1994 年 5 月にケープコットの施設で妻ジョアンに見守られ 92 歳でその生涯を閉じた。

エリクソンは自身の生い立ちに疑問を抱きつつ，その幼少期・青年期を生きてきた。またそのことを自問自答するなかで様々な人々と出会い影響を受けながら，青年期の悶々とした時代を過ごしてきた。そしてこの苦悩は職業や研究テーマへ取り組む強い原動力となった。満たされない欲求を社会に認められる方法で自己実現する昇華の過程を，彼の人生を知ることでみることができる。

第 3 節　心理社会的発達理論の視座

本節では「心理社会的発達理論」の特徴をまとめ，教育の場に活かす糸口を見出したい。

この理論は，それまでの発達理論になかった重要な特徴がある。

第一に，社会で生きていくために必要とされる「心理社会的」な視点を取り入れた点にある。第二には，「心理社会的」な能力を精神分析学による心理力動的な観点からとらえ，発達課題と危機がプラスの力とマイナスの力により拮抗して働くこと，それを「対」と位置づけ説明している点である。第三には，人間の生涯にわたっての発達を考えるという，長い時間軸を設定したところにある。

（1）「心理社会的」視点

自我と自己の発達については，乳児から成人するまでを対象に，精神分析

家フロイトによって「心理生物的（性的）」な性衝動を軸にした精神の発達が描かれていた。一方エリクソンは「心理生物的」視点を取り入れながらも「心理社会的」視点を加え，社会的な存在としての人間が対人関係のなかで自己を形成し，自己の存在を可能にする社会的な場を重視した。人が誕生して母親との出会いから始まり，子どもの成長にともなった社会（家庭，幼稚園・保育園，学校，地域社会）とかかわりをもち，それらが居場所となってアイデンティティ形成の要素である所属感を育てていくのである。そこでは様々な局面で危機となる葛藤場面を体験し乗り越えていく。

（2）発達課題，危機と「対」

　乳児期を例にとると「基本的信頼感 対 不信感」のように，発達課題と危機が対をなして表現されている。「対」は原語で「vs.（ヴァーサス）」といい，2つの力が対立・対決することを指している。「基本的信頼感」のプラスの力と，「不信感」のマイナスの力がせめぎ合っていることを表す。我々の心のなかで，2つが均衡状態と緊張状態を保っているのである。

　人が乳児期で体験するのは，世話をしてくれる母親（または母親に代わる人）を通して世のなかへの「基本的信頼感」を味わうことだが，また場面を変えれば何が嫌なのかなかなか相手に通じないもどかしさも経験し，ときに「不信感」に陥る。このどちらかだけを体験する乳児は少なく，常に心のなかでこれら2つがせめぎ合っている。しかし乳児の置かれている特殊な環境によっては「不信感」に偏る状況が生まれ，こうなると生きていく支えとなる力が弱く，周りの人々に関心を寄せないばかりでなく無力感に陥ってしまう。つまり両方の力を味わいつつも，プラスの力がマイナスの力を凌駕してこそ，健康な自我・自己を育むのである。

　青年期において，本人がアイデンティティを獲得するには「わたしは何になれるのか」「わたしはどのような人なのか」悩み考えることが不可欠である。プラスの作用を確実なものにするためには，マイナスの作用の存在なくしては成しえないといえるだろう。

　教育の場において人の成長を援助する時，結果として達成される姿のみを

追うのではなく，「自分がどうしたらよいかわからない」と困惑する状態は「自分がどうしたいのか」を見出す貴重なステップとなることを忘れてはならない。

（3）生涯発達の視点

　エリクソンは自我・自己の発達を生まれてから死に至るまでの生涯にわたって展望しているが，それまでの発達心理学では，成長の姿を青年や成人になるまでを区切りとらえるものが一般的であった。

　また段階ごとの発達課題は層をなして存在する。それぞれの段階で発達課題の達成が終わるのではなく，乳児期から幼児期前期の発達課題「自律性 対 恥, 疑惑」に進んでも，決して「基本的信頼感 対 不信感」は済んでいるわけではない。先の段階でも不意に課題となることもある。前の発達課題「基本的信頼感」が今の課題「自律性」の核となり芯となり，世のなかを信頼するからこそ自分が今までやったことがないことにもチャレンジし習得し「自律性」を獲得するのである。

　これらのように8つの発達課題が年輪のように層をなし発達していく。また，つねに前進するばかりではなく，試したり失敗したりしながらもある時期その場に留まるということも含めた発達である。

　教育の場面で子どもをみるときに，年齢相応の発達をしているかに注目をすることがあるが，その段階での発達課題だけではなくそれまでの過程にさかのぼり，この子どもは何を必要としているかを見出し育てることは重要だとされる。

　また，その子どもの将来の姿を思い描き，教育することが望まれる。決してその段階のみの輪切りにされた発達の姿をより良くしていくのではなく，過去・現在・未来にわたる長期的な視野を持つのに，本理論は意義を持つのである。

■課題
1.「わたしは……です」「わたしは……が好きです」「わたしは……をすることが楽し

いです」の……に入る言葉を思いつくだけ書き出し，そこから自分の特徴を見つけてみよう。

2. これまで自分の性格や生き方に影響を与えた出来事は何であったか，影響を与えた人は誰であったかを挙げ，どのような影響が自分にとって印象に残っているかを考えてみよう。

3. エリクソンの「心理社会的発達理論」を学習したことで，あなたは何を見つけただろうか。理論を知ることが学習者をどのように成長させるのか考察してみよう。

■参考図書

Erikson, E.H., *Identity and life cycle, Psychological issues Vol. 1, No. 1, Monograph 1*. International University Press, 1959（エリクソン，E. H.『アイデンティティとライフサイクル』西平直・中島由恵訳，誠信書房，2011 年）

Erikson, E.H., Erikson, J. M., Kivnick, H. Q., *Vital involvement in old age*, W. W. Norton & Company, Inc. 1986（エリクソン，E.H.，エリクソン，J.M. 他『老年期——生き生きしたかかわりあい』朝長正徳・朝長梨枝子訳，みすず書房，1997 年）

Erikson, E.H., Erikson, J.M., *The life cycle completed: A review Expanded edition*, W. W. Norton & Company, Inc. 1997（エリクソン，E.H.，エリクソン，J.M.『ライフサイクル，その完結——増補版』村瀬孝雄・近藤邦夫訳，みすず書房，2001 年）

Friedman, L.J., *Identity's architect, A biography of Erick H. Erikson*, Simon & Schuster, Inc., 1999（フリードマン，L.J.『エリクソンの人生——アイデンティティの探求者（上・下）』やまだようこ・西平直監訳，新曜社，2003 年）

第2部
学　習

　第2部では学習について考えていく。第7章「学習とは何かを考える」に
おいては，「学習」について，どのように捉えるかを検討する。

　第8章からは，学習について，心理学での歴史上あらわれてきた順序で
「行動」「認知」「参加」の視点で学習を検討していく。

　第8章「行動からみた学習」では，古典的条件づけと道具的条件づけの2
つの考え方による学習のメカニズムを学ぶ。第9章「認知からみた学習」で
は，学習とよばれるプロセスに，「わかる」ということがどのようにかかわ
っているかを学ぶ。最近，「主体的・対話的で深い学び」といわれているこ
ととも関連づけて考えてみてほしい。第10章「参加からみた学習」におい
ては，学ぶということを「実践共同体への参加」という視点から捉え直す。
関係的な視点によって「学び」の理解を深めてもらいたい。

　「学習」という現象をみる視点を3つ紹介しているが，どれが正しい，正
しくないという捉え方ではなく，この視点からはどのような「学習」そして
「学び」がみえてくるか，ぜひじっくり考えてもらいたい。

第7章 学習とは何かを考える

この章では，学習ということばをめぐる見方を整理しておくことを目的とする。まず，「学習」と「学び」という言葉で考えられていることを整理する。さらに，このような「学習」「学び」が心理学の歴史のなかで，どのようにとらえられてきたかを概観し，第8章から第10章で詳細を学ぶ前の手がかりとする。さらに，「教える」ということと関連させて，「学習」「学び」のあり方を考える。

キーワード
学習と学び　ナチュラル・ペダゴジー　促進的教育　子ども観と教育観

第1節　学習と学び

「学習」ということば，そして，「学び」という言葉について，みなさんはどのように考えるだろうか。どちらも「新しいことを知る」「新しいスキルを身につける」というイメージで，違いはないのだろうか。それぞれの言葉について思い浮かぶこと，この二つの言葉の同じ点，違う点は何かを考えてみた上で，このあとのそれぞれの言葉についての説明を検討してみてほしい。

『学習指導要領』など様々な教育にかかわる文書にも，この本のタイトルにも，「学習」という言葉は用いられている。学習の定義は，「練習や経験の結果，行動が変わること」であり，学習者の意図は扱わないものとなっている。また，学習する内容も問わないものとなっている。このような学習という言葉には，「学習者の営みを第三者的な立場から観察」しているような，いわば客観的なものという印象を受ける。実際，このような学習者の意図や

意味の内面的な世界ではなく，外側からみた客観的な行動でみえることで「学習」という現象を定義することによって，ヒトだけではなく，様々な動物なども「学習」するメカニズムについて科学的に研究することができる。

　このような「学習」という言葉に対して，「学び」という言葉は，「真似ぶ」が語源ともいわれるように，学ぶ主体の動きが入っている。そのような「学び」という言葉には，「学び手自身の主体的な営み」「学び手にとって何らかの意味で『よくなる』ことが意図されている」と，佐伯（1995）は述べる。この「学び」を考える際に焦点があたるのは，学び手の学ぼうとする「意図」であり，学び手にとっての学ぶことの「意味」であるととらえられる。

　この二つの言葉をめぐって，松下（2010）は，学習については二つの系譜があるとしている。目標を必要とする「学習」と，目標を必要としない「学び」である。「学習」は，近代西欧に登場した歴史的には新しいものであり，「学習者を固有の生のコンテクストから引き離し，合理的で一般的な学習プロセスの中に押し込む」とする。また，「学習」は「モノローグ構造に立脚しており，交換し対話する他者を必要としない」（松下, 2010, p.26）と位置づける。モノローグはひとりごと，ひとりでの語りであり，対話と対置される言葉である。コンテクストや対話が切り捨てられることによって，「学習」は，学習者の外側から与えられたことを受容する位置づけになる。「学習」という言葉をどのように説明するか定義してもらうと「知識・スキルの獲得」というイメージが一番多いが，それは，これまで経験してきた学校での経験がそのようなものであることを感じさせる。

　一方で，「学び」は，基本的な点で類人猿とも共通する，「環境に生きる存在としての人間の生をいわば生態的に分析することから導き出される学び，すなわち特定の目標の達成をめざすというよりも，生を更新していくためになされる学びの原理」（松下, 2010, p.31）と位置づけられる。目標を持たず即興性に満ち，それゆえに，学び手が従事している活動に価値が組み込まれており，その価値が学びを方向づけてくれる。このような活動，実践に従事すれば，「学びは自然に立ち上がってくる」のである。学校での学習と対比し，部活動やアルバイト，自分の好きなことをともにするコミュニティで経験し

ていることを振り返ると，ふと気づけば学んでいることがいかに多いかに見い出せるだろう。

　学校における「学習」「学び」を考える際に，このいずれかを選択して考えなくてはならないわけではない。学校での学びをよりよいものとしようとするとき，客観的な「学習」研究の知見はもちろん，実践共同体のなかで自然に生じる「学び」，学び手からみた「学び」の視点も欠かせないものである。「主体的・対話的で深い学び」がいわれているなか，学習と学びの本来の営みを，この二つの言葉から根本的に考える必要がある。

第2節　学習と学びに関する心理学理論

　「学習」と「学び」について，心理学では，どのようにアプローチしてきたのだろうか。そのとらえ方を，歴史的に誕生した順番で概観してみよう。

（1）行動からみた学習

　自分がどのように学んできたかを考えてもらうと，「漢字や英単語を何度も繰り返し書いて覚えた」「ピアノの演奏を何回も繰り返して上達した」「バッティングフォームを何回も繰り返し練習した」のように，身につけたいことを何度も繰り返して練習したことを思い出されることが多い。学習は，そのように，ある行動を繰り返して身につけるという側面がある。学習の成果が，漢字を書くことができる，バッティングがうまくなるというように，目に見える形になることも一つの特徴である。

　科学としての心理学もまた，客観的に証明できるものから「学習」のメカニズムを解明しようとした。そこで，客観的に現れているもの，誰もが学習の成果として見えるものとして「行動」に注目することになった。「行動」に注目することで，学習を定義すると「練習や経験の結果，行動が変わること」となる。また，このように学習を定義することによって，どのような練習や経験をすると学習が効率よく進むかについて，ヒトも含む動物の学習の原理にアプローチできることとなった。その成果がプログラム学習，その流

れを組んだ CAI（Computer-Assisted Instruction），行動分析学，ソーシャル・スキル・トレーニングなど，現在も，様々な分野で生かされている。この行動主義からみた学習については，第 8 章で詳しく学ぶ。

（2）「わかる」ということからみた学習

ところが，行動からみる学習では，説明ができない学習があることが，実験研究で示され始めた。有名なものに，ガルシアとケーリング（Garcia & Koelling, 1966）の研究がある。かれらは，ラットに回避を学習させる実験をおこなった。実験は，ガチャガチャする音と光，もしくは，サッカリン味に弱い異臭の水のあと，電気ショック，もしくは下痢をするという状態がくるようにデザインされ，何度か繰り返したら，電気ショックや下痢を回避することを学習するかを調べるものであった。

実験の結果は，興味深いものであった。ガチャガチャする音と光のあと電気ショックがくる場合，また，サッカリン味に弱い異臭の水のあと下痢をする場合，ラットはきちんと回避，逃げることを学習した。ところが，組み合わせを変え，ガチャガチャする音と光のあと下痢をする場合，サッカリン味に弱い異臭の水のあと電気ショックがくる場合は，何回繰り返しても，回避することを学習できなかったのである。刺激となる条件の組み合わせを変えただけで，学ぶことができる場合と，学ぶことができない場合が生じるのは，なぜだろうか。

この実験が示しているのは，ある刺激の後，生じる出来事を結びつけて考えることができるようになることの学習は，ただ，その刺激とその後生じる出来事を繰り返しさえすれば，学習できるわけではないということである。実験条件をもう一度確認してみてほしい。全く同じ刺激とその後の出来事の組み合わせを変えただけで学習できなくなっている。そして，この実験結果をもう一歩推測してみると，ラットは，ただ，刺激とその後の出来事を繰り返せば学べるわけではなく，刺激がもたらす「意味」をその後の出来事と結びつけている，関連づけているプロセスがあると考えざるをえなくなる。

こうして行動主義的な実験研究から，学習が成立するときに，ただ，表に

現れている「行動」だけでは説明できず，行動に現れていない，個体の内部で生じている意味の世界，「認知」の視点で，学習を考えていく必要が生じたのである。

このガルシアとケーリングの研究以前にも，ものごとの「意味」を探し求める心理学研究は始まっていた。たとえば，短期記憶と長期記憶のメカニズムや，思考についての研究，第3章で学んだように言葉の学習が単に行動主義的なインプットのみでは学習されないことなど，認知にかかわる研究をみることができる。さらには，コンピュータを用いて，コンピュータに「思考」させることで，思考のメカニズムが探究され始めた。これは，心理学史としても大きな変化であり，「認知革命」とも呼ばれる（佐伯，2014）。

みなさんも，授業で学んだことを，ただ繰り返して暗記するよりも，自分なりにまとめ直したり，関連づけた方が，よく理解できた，納得できたというような経験はないだろうか。また，間違えたことを，ただ失敗としてとらえるのではなく，どうして間違えたのか考えるところから，理解が深まった経験はないだろうか。このような学びにおける「わかる」プロセス，意味を考えるプロセスについて，第9章で学ぶ。

（3）状況的な学び

みなさんがこれまで用いてきた学ぶ方法を考えてもらうと，今まで述べてきた「繰り返す」「わかる」という方法以外に，友だちと協力しながら調べものをして成果をまとめたこと，実際に実験をしてみたこと，さらには，アルバイトで実践しながら学んだことなどがあげられる。「学び」はそのように状況のなかでおこなわれることに注目され始めたのは，先ほどの「わかる」ということ，思考に関する研究の流れのなかで，人が暮らしている文化における生活や実践と思考が密接につながっていることが見出されたことに始まる。

このことを最初に指摘した研究は，コールとスクリブナー（Cole, M. & Scribner, S.）による『文化と思考』であるといわれている。ピアジェの発達段階にかかわる課題を西アフリカのリベリア地方に住むクペル族の大人におこ

なってもらったところ，発達段階が5歳程度という結果になってしまった。クペル族の大人は，もちろん，日常生活では，とても知的で有能に暮らしており，その文化のなかで西欧から訪れた人にはできない，わからないことも適切に対処してくれる。すなわち，人間の思考は，その人が暮らしている文化における様々な生活や実践と密接なつながりを持ったものであることが明らかにされた。その後の研究で，ブラジルのインフレのなかで，学校で学ぶ筆算ではない方法で，しかし見事に素早くキャンディを売っている少年たちの算数の方法や，アメリカの日常生活のなかで，ダイエットのために食事分量を減らすとき，計算をするのではなく，具体的に減らさねばならない分を取り除くといった方法なども示されている。ここでの算数は，状況のなかにあるモノとの関係のなかでおこなわれていることとして現れる。このような文化，状況のなかにおける人とのかかわりあいと密接な学びについては，第10章で詳しく学ぶ。

第3節　学ぶことと教えること

　ここまで「学習」「学ぶ」という言葉をめぐって考えてきた。ここからは，この学ぶという営みが，教えるという営みとどのような関係にあるのかを考えてみよう。

（1）教えるということ

　以前，不思議な気持ちを味わったことがある。ギニアのボッソウに住むチンパンジーはナッツ割をする文化があるが，そのナッツ割を子どものチンパンジーが学び始めた場面のビデオを見せてもらった。子どものチンパンジーは，大人のチンパンジーがナッツ割をしているのを，邪魔になるくらい近くで見ている。また，近くの石で自分でも割ってみようとするが，割れないと，おもむろに，大人が使っている石を奪っていったりする。そのようにあれこれ試みる子どものチンパンジーに対して，大人のチンパンジーはゆったり構えている。自分の使っていた石や割ったナッツを子どもが持っていってしま

っても，追いかけたり，怒ったりしない。チンパンジーは，子どもがしたいようにさせる，教えるということはしない，ということを聞いた。

なるほど，と思いながら，とても不思議な気持ちになった。そのビデオを見ているとき，私は，チンパンジーの子どもに教えたくて仕方のない気持ちになったのである。「ナッツを割る台にするなら，こっちの石がいいよ」「ナッツを割るには，この向きで石を持つといいよ」と（ビデオのなかにもかかわらず）手を出したい気持ちにかられた。周りで同じビデオを見ている人も，ほとんど同じ気持ちを共有していた。チンパンジーは子どもの主体性に任せられるが，ある意味で，ヒトは教えたがりのお節介なのかもしれない。

過剰模倣実験

ヒトとチンパンジーの教えと学びをめぐっては，このような実験もある。3，4歳児とチンパンジーに同じ実験をおこなったものである。大人の実験者は，不透明な箱に棒を差し込んだり数回叩いたりといった複雑な操作をすることで小さなご褒美が取り出せることを教示する。そして，子どももチンパンジーも，きちんと複雑な操作を模倣し，ご褒美を入手できることが確認される。その後，実験者は，今度は透明な箱で全く同じ操作をする場面を見せる。このとき箱が透明になることによって，不透明な箱のときと同じ複雑な操作は，箱から小さなご褒美が取り出せることとは何らの関係がないことが「見える」状態になっている。しかし，ヒトの子どもたちはそれでも実験者の行為をまるごと模倣したのである。一方，チンパンジーは透明な箱になった途端，複雑な手順は模倣せず，ご褒美をすぐに箱から取り出したのである（Horner & Whiten, 2005）。チンパンジーの方が，複雑な操作が，ご褒美を手に入れる目的に必要か必要でないかをしっかりと「考えて」模倣しているという結果にみえる。

ナチュラル・ペダゴジー説

先ほどの実験は，ヒトの子どもは相手の非合理的行動を過剰に模倣し，チンパンジーは合理的行動をおこなうという過剰模倣という現象を示すひとつとされている。そして，ヒトの子どもがこのような過剰模倣をおこなう仮説

として，ナチュラル・ペダゴジー説が提唱されている。大人から明示的シグナル，アイコンタクトや呼びかけなどを用いて，何らかの知識伝達場面であることが示唆されると，子どもは相手の行動や発話などを，それが非合理的なものであっても学習してしまうのである。ヒトは教育，知識や技能の伝達に特化したコミュニケーション様式をもっているといえるのかもしれない。大人は乳幼児に働きかけるときに明示的シグナルを無意識に使用しながら働きかけ，また，乳幼児はそれに注目し，敏感に応えることが示され，これがヒトの文化の基盤であるとされる。

促進的教育

　しかし，ナチュラル・ペダゴジー説が示すように，学ぶということは，明らかに教えるということが示された文脈でのみ生じるものだろうか。むしろ，促進的教育が重要な役割を果たしているとも考えられている。

　促進的教育とは，「明示的な教示などを行うのではなく，子どもにおもちゃの武器や道具を与えてその使い方を自分で学習させたり，また狩りに同伴させて狩猟の方法や動植物に関する知識を自分で学習させたりする」（中尾，2016）。すなわち，学習の機会を与える教育のことである。

　「学ぶこと」を中心として教育という営みを考えるとき，その知識の伝達のありようが，ナチュラル・ペダゴジー説のように教える側から教えられる側という一方向を想定したものであるか，より広い文脈も含めた関係のなかで，知識も同時に学ばれていくものであるかを考えていく必要があるだろう。

（2）子ども観と教育観

　このような「教える」「教えられる」ということをさらに考えていくためには，子どものことをどのようにみているか，という子ども観について考えてみることが必要である。そこで次に村井（1982, 1987a, 1987b）の論をみておきたい。

粘土モデル──制作モデル

　このモデルは，子どもを教育するにあたって，粘土をこねて壺を作るように制作するという仕事をモデルに考える。子どもを「粘土」のように他からの働きかけによって自在に形成されるものとみたときには，それをつくりあげていくのは，「制作」する大人になる。そして子どもは大人によってつくられた「型」にはめこまれていく存在となる。

　村井によれば，このような考え方を最初にはっきりと表現した例はプラトン（Plato）にみることができ，『国家』のなかで「教育は染つけである」と述べられているという。また，このような考え方は，行動主義で有名なワトソン（Watson, J.B.）の有名なことばにもみられる。「私に，健康で，いいからだをした一ダースの赤ん坊と，彼らを育てるための私自身の特殊な世界を与えたまえ。そうすれば，私はでたらめにそのうちの一人をとり，その子を訓練して，私が選んだある専門家──医者，法律家，芸術家，大実業家，そうだ，乞食，泥棒にさえも──に，その子の祖先の才能，嗜好，傾向，能力，職業がどうだろうと，きっとしてみせよう」（ワトソン，1980, p.130）。子どもを粘土のように可塑的で，周囲がいかようにも作り上げられる存在としてみるまなざしは，早期教育など現代でもごく普通にみることができる。

植物モデル──成育モデル

　子どもはただ外からの働きかけをうける存在ではない性質をイメージするために，ルソー（Rousseau, J. J.）は『エミール』という著書において，植物のモデルによって子ども，そして子どもを教育することを描き出した。子どもは生きものであって，植物が種から芽をだし，生長していくように，自ら育つものであるので，無理にかたち作ってはならないものであり，教育について，植物を栽培する農夫の仕事にたとえた。このルソーが描き出した子ども像，自ら成長する存在としての子ども観は，当時の人々に大きなショックを与え，「子どもの発見」ともよばれる。

　しかし，村井によれば，この子どもの発見は，本当に「人間」としての子どもの発見とよぶに値する性質のものではなかったという。「ルソーは，人間は自然のままで善いのであり，自分の力で成長するのだから，それをその

ままに，自然にまかせて成長させるのがよいと主張した。だが，実際にはルソーのエミイルは，ルソーの慎重な監督指導の下で，ルソーが理想としていた市民——それをルソーは自然人と呼んだが——にまで作り上げられねばならなかった」（村井，1987a, p.21）と述べられる。つまり，子ども自身の力をみとめつつも，その性質を利用して，特定の目的のために外部からの力でつくる，ということになっている。子どもが「生きている」という見方をすることでは一歩前進したとはいえ，教育・保育のありかたとしてはあまり変わっているとはいえない。

材料モデル——生産モデル

　材料モデルは，植物モデルも粘土モデルものみこむようなかたちで出現した。生産モデルでは，工場に，ある材料が入り，様々な処理をされて出てくるプロセスを思い浮かべる。そのように工場で製品をつくるように子どもをみる子ども観から，国を支える人間をつくる場としての学校・教育体制がつくられた。そこには，成立しつつある近代国家が学校という組織に期待した役割がある。「学校は巨大な印刷工場組織だと言いましたが，それは，こうして，国家がインプットとして国民ひとりひとりのなかに入れたいと思った知識・技術が，いわば白紙としての子どもたちに印刷され，それによってみごとな製品としての国民がつくり出されてくる巨大な働き——その働きをまさに学校が遂行する役を負わされたという事情をさしているのです」（村井，1987b, p.87）。

　このような国家が要求するのは，まさに工場をイメージするとわかるように，入っていったものが，出てくるまでに，いかに効率よく必要なことを身につけているか，ということになる。

動物モデル——飼育モデル

　生産モデルから，さらに人間がどんな存在でどのようにものごとを身につけるかをより科学的に知る必要が生まれて登場したのが，動物モデルである。植物モデルとして，生きている自分自身で成長していく存在として見いだされた子ども，そしてそのような子どもを材料モデルでみたように効率よく育

てるにはという関心から，子どもの成長がどのようになされるのか，そのプロセスをより細かく具体的に知ることへと関心が向かった。子どもの成長のプロセスが詳細にわかるほど，子どもを教えることが効率的にできるととらえられたのである。このモデルが現れた時代は，19世紀の前半，近代国家が出現して義務教育制度を設け，学校で効率よく教育がなされるようになった時期であり，産業革命後，自然について，人間について，あらゆる現象について科学的に研究する試みがなされた。

　この時期生まれてきたのが，子どもの身体や心の働きや成長のプロセスを探ろうとする動物モデルの子ども観である。動物の植物と異なる特徴は，自らの感覚や意識，そして欲求があることである。植物モデルのときはその自発性にのみ注目されていたが，動物モデルとなると自発性のみならず，欲求や知性の働き，経験や学習など多様な働きが説明されていくことになった。

人間モデル──援助モデル

　以上のような歴史的な子ども観と，そこから生まれてくる教育観をふりかえりつつ，子どもが本当に自立的といえる成長や発達，そしてそういう子ども像を描くために，村井が提案しているのが，最後にあげる「人間」モデルである。それは「子ども自身が，どういう目的──『善さ』に向かって成長するかを，親によってにせよ，教師によってにせよ，社会の他の何かの権威によってにせよ，他によって決定されるのではなく，自分自身で，自分自身の力によって，探りかつ決定できるという，子ども像」(村井，1987a, p.25)である。村井（1982）では思索をめぐらせつつ「共生」のモデル，「同行」のモデルともよばれており，これらの言葉もまた，このモデルをイメージするには役立つように考える。

　ルソーが言ったように子どもは生まれついて「よい」のではなく，「よくなろう」としていることがこのモデルでは重要である。つまり「よい」と判断する人によって，あらかじめ「よさ」が定められているのでは，結局はそのよさにむかって子どもを作り上げることになってしまう。そうではなく「よさ」は誰にも知られておらず，憧れの対象として探し求められている状態にある。そのとき，子どもは自らの成長にとってのよさを自分自身で決定

しながら成長していくことになる。そして，そのような存在の子どもに対して，大人はやはり自らのよさを求めつつ「援助」していくことになる。

　これらのモデルは歴史的にみるとこの順番で現れてきているものの，前の時代の考え方があとの時代にも並行して残り，子ども観として息づいている。私たち自身がどのように「子どもの学び」をみて，どのようにかかわっていくのか，考えていくきっかけとしたい。

■引用文献

コール，M., ＆スクリブナー，S.『文化と思考――認知心理学的考察』若井邦夫訳，サイエンス社，1982 年

Garcia, J., & Koelling, R. A. Relation of cue to consequence in avoidance learning, *Psychonomic Science*, 5, 121-122, 1966

Gergely, G., Bekkering, H., & Kiraly, I. Rational imitation in preverbal infants. *Nature*, 415（6873），755, 2002

Horner, V., & Whiten, A. Causal knowledge and imitation/emulation switching in chimpanzees（pan troglodytes）and children（homo sapiens）. *Animal Cognition*, 8（3），2005, 164-181

松下良平「学ぶことの二つの系譜」佐伯胖監修・渡部信一編『「学び」の認知科学事典』大修館書店，21-38，2010 年

村井実『子どもの再発見――続／新・教育学のすすめ』小学館，1982 年

村井実「子どもたちは，どのようにして自己を形成していくのか」『発達』30，ミネルヴァ書房，1987 年 a

村井実『村井実著作集第二巻　教育の再興』小学館，1987 年 b

中尾央「人間進化と二つの教育――人間進化の過程において教育はどのような役割を果たしたか」『現代思想』5 月号，188-197，2016 年

佐伯胖『「学ぶ」ということの意味』岩波書店，1995 年

佐伯胖「そもそも『学ぶ』とはどういうことか――正統的周辺参加論の前と後」『組織科学』48（2），38-49，2014 年

ワトソン，J.B.『行動主義の心理学』安田一郎訳，河出書房新社，1980 年

■課題

1.『幼稚園教育要領解説（平成 30 年 3 月）』『小学校学習指導要領（平成 29 年告示）解説 総則編』『中学校学習指導要領（平成 29 年告示）解説 総則編』のうち，自分の一番関心のあるものを選び，「学習」「学び」という言葉を検索し，どのような意味で使われているかを検討してみよう。

2. 行動からみた学習，「わかる」ということからみた学習，状況的な学びについて，
   自分が学習してきた，学んできたことのどんなことが，どの理論で説明しやすいか
   を検討してみよう。
3. 学ぶことと教えることの関係について，子ども観と教育観について，自分はどのよ
   うに考えるかを比較検討してみよう。

■参考図書

村井実『教師と「人間観」』東洋館出版社，2015 年
佐伯胖『「学ぶ」ということの意味』岩波書店，1995 年
佐伯胖『「学び」を問いつづけて』小学館，2003 年

第8章 | 行動からみた学習

　本章では，古典的条件づけと道具的条件づけと呼ばれる2つの考え方による行動の学習について学んでいく。どちらも，もともとは動物を使った実験から提唱された考え方であるが，私たち人間でも同様の学習が起こり得る。両者の違いの大きなポイントは学習者の意志が絡んでいるかどうかという点である。皆さんのこれまでの経験のなかにはどちらの事例もあるだろう。これらのメカニズムで学習した経験を思い出しながら，それぞれの考え方について学んでいこう。

キーワード
古典的条件づけ　パブロフの犬　道具的条件づけ　強化子

第1節　古典的条件づけ（レスポンデント条件づけ）

（1）古典的条件づけによる学習の成立

　レモンを思い浮かべたとき，口のなかで何となく唾液がわいてくるように感じたことはないだろうか。あるいは「サザエさん」のテーマソングを耳にすると気分が重くなるという人もいるかもしれない。これらは生まれたときから持ち合わせていた生理的に起こってくる反応ではない。レモンを思い浮かべただけでは味を感じないし，「サザエさん」のテーマソングが気持ちを低める音調であるというわけではない。したがってこれらの反応は生まれ持ったものではなく，これまでにレモンを口にしたことがあり，その味を知っていたり，「サザエさん」が放送されるということは日曜日も終わりに近づ

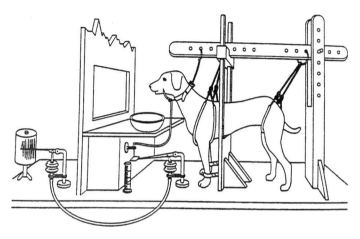

図8-1　パブロフの犬 　　　　　　　　　　　　　　　　　　　　　　（富永他編，2016）

き，翌日からまた学校や仕事などに行かなければならないと感じたりしたことによって引き起こされた反応であるといえる。

　ロシアの生理学者パブロフ（Pavlov, I.）は，イヌの唾液分泌という反応を使ってこのようなメカニズムを明らかにするための実験をおこなった（**図8-1**）。「パブロフの犬」という言葉を耳にしたことのある人もいるのではないだろうか。

　この実験は以下のような手順でおこなわれた。まず，イヌに音を聞かせると頭を音の方に向けるといった反応（探索反応）が見られた。そして何度かその音を聞かせているうちにイヌは音を気にしなくなった。その後，音を聞かせるのに合わせて食べ物を与えるという手続きを繰り返したところ，たとえ食べ物を与えなかったとしても，音を聞いただけで唾液を分泌するようになった。

　音が聞こえたときに注意を向ける反応は生理的なものである。食べ物が与えられたときに唾液が分泌されるのもまた生理的な反応であり，学習の成果ではない。この食べ物と唾液との関係は無条件刺激に対する無条件反応ということになる。このとき，音は唾液分泌という反応とは結びついておらず，唾液分泌という反応に対しては中性刺激ということになる。

ところが，音と食べ物とを同時に与えられているうちに，音を聞いただけでも唾液を分泌するようになった。これは生理的な反応ではなく，音と食べ物を同時に与えられるという環境側からの働きかけによって起こったものである。このようにもともとは結びついていなかった刺激と反応とが新たに結びつくことを「古典的条件づけによる学習」と呼ぶ。この過程では，もともと中性刺激であった刺激が条件刺激，その結果引き起こされる反応が条件反応とそれぞれ呼び名を変えて，学習前にはなかった両者の結びつきが新たに生じることとなる（**図8-2**）。なお，古典的条件づけの過程において刺激と反応とが結びつく際に学習者自身の意志は関係ない。イヌが音と唾液反応とを自発的に結びつけたわけではないのである。

　また，このようにして生じた刺激─反応の関係は，似たような刺激についても同様の反応をみせるということが知られている。この関係が同様の刺激に拡大された例として，ワトソン（Watson, J.）がアルバートという1歳児を対象にした実験が有名である。

　アルバートはもともと白ネズミを怖がっているわけではなかった。ところが，ワトソンはアルバートが白ネズミに興味を示しているときに，大きな音をたてて恐怖を与えた。その結果として，アルバートは音に対して恐怖を感じるだけでなく，白ネズミに対しても恐怖を感じるようになるという古典的条件づけによる学習が起こった。もともと恐怖の対象は白ネズミではなく，大きな音であったはずである。しかし，それらが同時に与えられることによって，白ネズミだけを見ても怖がるようになったのである。さらに，アルバートは白ネズミだけでなく，他の動物や白いふわふわしたものなどについて

図8-2　古典的条件づけにおける刺激─反応関係

も怖がるようになってしまったということが報告されている。このように似た特徴を持つ他の刺激についても反応と結びつくことを般化と呼ぶ。

　この事例のように身のまわりの様々なものに対して恐怖を感じている状態というのは，日常生活を送る上で差しさわりがあるだろう。もともとはそのような結びつきがなかったのにもかかわらず，実験をおこなったことによって新たな結びつきが生じてしまい，日常生活に支障をきたしてしまったということになる。このように被験者に対して悪影響が及ぶ実験は，今日では倫理的な問題が指摘されている。

　なお，心理学の分野において，研究の計画段階から遂行段階に至るまで，また，成果の公表やその後の管理までの過程においても，倫理的な問題が生じないように気を配る必要がある。そこで，研究協力者の不利益を生じさせない配慮やインフォームド・コンセント，おこりえる不適切な事態を避けるための手立てなどが求められるのである。現在では，多くの学会において倫理規程が定められており，研究をおこなっていく上ではこれらの規程を遵守することが求められている。そのため，このような実験をおこなうことは今日では難しい。

（2）古典的条件づけによる学習の起こった後

　古典的条件づけによる学習が起こった後，この結びつきはずっと続くのだろうか。パブロフがおこなった実験では，音が聞こえても食べ物は与えられないという経験を繰り返していくうちに唾液分泌はおさまっていくということが報告されている。つまり，いったん生じた条件刺激と条件反応の結びつきは，条件刺激のみを与えるということを繰り返していくうちに消えていくということになる。

　しかし一方，条件刺激を与え続けるだけでは条件反応との結びつきが消えないというケースもあることが知られている。とくに恐怖や悲しみなど負の感情を伴う学習においてはそのようなことが起こりやすいとされる。先述したアルバートの実験と同様，ワトソンは子どもたちを被験者として学習した後の恐怖を取り除く実験もおこなっている。しかし条件刺激のみを繰り返し

与える方法では恐怖を消去することができなかった。結果的に有効であったのは，新しい条件づけによって上書きするという方法であった。つまり恐怖の原因となる刺激と同時に学習者にとっての快経験を与える（たとえば白ネズミがいる場面において好物であるおやつを与える）ことによって，負の感情を快の感情で上書きするような新たな条件づけを起こさせたのである。このような新しい結びつきを作ることにより，刺激に対して快の感情を引き起こし，負の感情を打ち消したということになる。このように，とくに恐怖や悲しみなどといった負の感情を伴う学習が起こってしまった場合には，周囲が新たな結びつきを生じさせるような環境をより積極的に与えることが必要となることもあるのである。

第2節　道具的条件づけ (オペラント条件づけ)

（1）道具的条件づけによる学習の成立

　刺激に誘発されて起こる古典的条件づけは学習者自身の働きかけについて検討されていないのに対し，次に取り上げる道具的条件づけは学習者が自発的に周囲の環境に対して働きかける行動を重視した考え方である。

　スキナー（Skinner, B.）はスキナー箱と呼ばれる装置（図8-3）を用いて実験をおこなった。この装置では被験体であるネズミがレバーを押すと，餌皿に餌が与えられる。餌が得られるという結果はネズミにとって喜ばしいものであり，報酬刺激（好子）と呼ばれる。ネズミはこの報酬刺激を得るために，その結果を引き起こす「レバーを押す」という行動の頻度を上げた。このように何らかの行動を取った後に良い結果が起こったとき，その結果を引き起こした行動をおこないやすくなることを強化と呼ぶ。私たち人間も同様のメカニズムで学習することがある。たとえばお手伝いをして褒められたという結果が起こったことにより，また褒めてもらうためにお手伝いをしたという経験のある人もいるだろう。これは褒めてもらうための「道具」としてお手伝いをしているととらえることができる。

　一方，同じ行動をとったとしても自分にとって良くない結果が起こったと

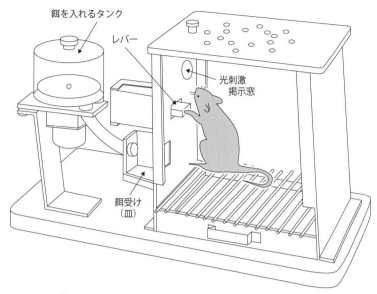

餌を入れるタンク

レバー

光刺激
掲示窓

餌受け
（皿）

図 8-3　スキナー箱

（富永他編，2016）

したらどうだろう。お手伝いをした結果，「余計なことをするな」と叱られてしまったら，また次もお手伝いをしようと思うだろうか。きっと叱られるという悪い結果（嫌悪刺激／嫌子）を避けるために，お手伝いをするという行動の頻度はおさえられてしまうだろう。このように何らかの行動を取ったことによって起こり得る悪い結果を避けようとして，それを引き起こす行動の頻度が下がることを罰と呼ぶ（**図 8-4**）。レイノルズ（Reynolds, 1975; 浅野訳, 1978）がハトを対象にした実験では，強い罰を与えるほど行動の抑制につながることも報告されている。

　ここでポイントとなってくるのは，結果として起こったことについて良い結果であるか悪い結果であるかを判断し，次にまたその行動を取るかどうかを決めているのが学習者自身であるということである。つまり，道具的条件づけによる学習には，学習者自身の意志が大きくかかわっているということになる。そのため，たとえば先ほどの例において，周囲の人たちがお手伝い

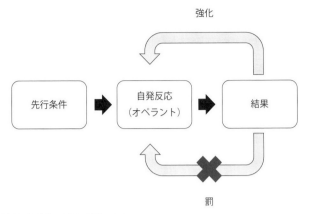

図8-4　道具的条件づけにおける強化と罰

という行動を強化しようと考えて褒めたとしても，それを嬉しいと感じるか
どうかは学習者次第である。嬉しいと感じた場合は狙い通り強化することが
できるが，感じなかった場合には強化されないということも起こり得るので
ある。そして同じ「褒められる」といった結果であったとしても，子どもに
とっては誰から褒められたのかということも非常に重要である。褒めてほし
い人から褒められれば大きな喜びとなるが，そうではない人から褒められた
としてもあまり喜びを感じないだろう。そのため誰に褒められたのかという
こともまた，その後の行動に影響すると考えられる。

　また，スーパーで子どもがお菓子を買ってほしいと駄々をこねたとき，そ
の場しのぎで買い与えてしまうという場面を想像してみよう。強化するつも
りがなかったとしても，駄々をこねるという行動の結果として良いことが起
こるという結びつきが生じてしまい，「欲しいものがあったら駄々をこねる」
という行動が強化されてしまうこともある。このような結びつきは周囲の大
人たちが考える以上にすぐに生じてしまうことも少なくない。このように，
かかわる人間が行動頻度を上げたり下げたりしようと考えておこなう働きか
けが意図通りにそのまま反映されるとは限らないのが難しいところである。

　道具的条件づけにおける強化子の種類としては**表8-1**のようなものがある。
何かをした結果，報酬刺激が与えられる（例：褒められる），あるいは嫌悪刺

表8-1　強化子の種類と操作

強化子の種類	強化子の操作	
	提示（与えられる）	除去（取り除かれる）
報酬刺激（好子）	正の強化 （反応頻度の増大）	負の罰 （反応頻度の減少）
嫌悪刺激（嫌子）	正の罰 （反応頻度の減少）	負の強化 （反応頻度の増大）

激が取り除かれる（例：いつも出される宿題が免除になる）といった場合，どちらも学習者にとっては「良い結果」となる。そのため，そのような結果を求めて次の機会でも同様の行動を取ることが多くなるだろう。一方，何らかの行動をとった結果，嫌悪刺激を与えられる（例：叱られる），あるいは報酬刺激が取り除かれる（例：お小遣いをもらえなくなる）といった場合は，どちらも学習者にとっては「良くない結果」である。したがって，次の機会においてはそのような良くない結果につながりやすい行動を避けるといった変化が起こると考えられる。

（2）道具的条件づけによる学習の起こった後

　道具的条件づけの仕組みによって学習が成立した後，その学習は永続するのであろうか。

　褒められるためにお手伝いをしているという状態の学習者は，褒められるという報酬刺激が与えられないのであればお手伝いをしないということが起こり得る。お手伝いをしても褒められないのであればその学習者にとっては意味がないからである。

　また，「良い結果」であるかどうかを判断するのは学習者であると述べたが，いつも同じような報酬刺激ばかり与えられていた場合にずっと同程度の喜びを感じ続けられるだろうか。おそらくだんだんその報酬にも慣れてしまい，喜びを感じる程度は下がっていってしまうだろう。そのため，いつも同じ褒め方をする，いつも同じご褒美を与える，といったことを繰り返しているだけで強化し続けていくのは難しいだろう。これは罰についても同様であ

コラム　プログラム学習

　スキナーによる道具的条件づけの原理を応用する形で提唱された学習にプログラム学習と呼ばれるものがある。

　プログラム学習には，スモールステップ，積極的反応，即時強化，自己ペース，学習者検証といった原理がある。単純な課題から複雑な課題に向かってスモールステップで並べられた教材を少しずつクリアしていくことで，レベルアップしていくという仕組みである。その過程において，学習者による正しい反応に対しては「それでよい」というフィードバックを与えて強化し，正しくない反応に対しては「それは誤っている」というフィードバックを与えることでその反応を抑えていく。これを繰り返していくことにより正しい反応だけが残っていくという形になる。このやり方では，学習を進めるペースは各学習者によって様々である。また，学習者が考えたことを積極的にアウトプットさせることにより，次の学習をどのように進めていくのかが判断される。そして学習がうまくいったかどうかを判断する際は，あくまでも学習者ができるようになったかどうかということによる。なお，自学自習を目指していく方法ではあるが，学習がうまくいかない場合にはヒントを与え，少しずつヒントの量を減らしていくことで調整される（フェイディング）。

　プログラム学習では，行動レベルでの変化を用いて成否の判断をするが，読み書きや計算などといった題材についてもこのメカニズムを用いて，個々の学習者のレベルやペースに合わせて学習を進めていくことが可能となる。また，必ずしも教師が教えるといった活動を必要とせずに学習を進めていくことができるので，パソコンやタブレットなどを用いた自習教材として提供されることもある。

り，「良くない結果」にも慣れてしまうとだんだん行動の抑制には結びつかなくなってくる可能性がある。

第3節　幼稚園・小学校での具体的場面

　2つの条件づけの仕組みについて学んできたが，幼稚園や小学校において
このような仕組みで学習していることにはどのようなものがあるだろうか。
いくつかの事例を取り上げていくこととする。

（1）古典的条件づけによる学習場面

　先述したように，古典的条件づけによる学習は，学習者の意志にかかわら
ず，刺激と反応とが結びつくことによって生じる。

　たとえば，毎日学校のチャイムを聞くと同時に授業が始まるということを
繰り返しているうちに，異なる場所で同じチャイムを聞いたときに授業が始
まるかのように感じてしまったりすることもあるだろう。学校生活のなかで
はこのような刺激と反応を繰り返すことにより，日々の生活をスムーズに送
ることができるように条件づけられている側面もある。

　また，教師によって叱られたことがきっかけとなり，教室に入れなくなる
といったこともその1つであろう。恐怖を感じたのは教師に叱られたことに
対してであったはずである。しかし，それが起こった教室という場所そのも
のが恐怖の対象となり，入れなくなってしまったと考えることができる。

　さらに，教師の好き嫌いが担当科目の好き嫌いに直結するといった事例も
挙げられるであろう。教師に対しての感情と科目に対しての感情とは別物で
ある。しかし，たとえば好きな教師に英語を教えてもらうことにより，英語
の授業や英語という科目に対して好感情が起こるようになることがある。逆
に教師に対する負の感情が科目そのものへの負の感情として認識されてしま
うこともあり得るだろう。

　その他，怖いという評判の教師が廊下の向こうに見えただけで背筋が伸び
るといった経験をしたことのある人もいるのではないだろうか。ときにはそ
の教師の乗っているものと同じ種類の自動車を街なかで見かけただけで緊張
するなどといった経験を聞くこともある。

　このように，無意識のうちに何らかの刺激と反応とが結びついたという学

習はきっと皆さんのこれまでの園生活や学校生活のなかでもあるのではないだろうか。学習者自身も教える側も無意識のうちに結びついてしまうことがあるため，完全にコントロールするのが難しいところもあるが，園生活や学校生活，学習などに対して好感情を持てるような環境づくりを心がける必要があるといえるだろう。

（2）道具的条件づけによる学習場面

　つづいて教室において道具的条件づけによる学習が起こった事例についても考えてみよう。

　たとえば，元気に挨拶をしたら教師に褒められたので，いつも元気に挨拶をするようになったといったことはよくあるだろう。褒められたことがうれしく，また褒められたいと思って次の機会も元気に挨拶をしているうちに，それが習慣になったと考えられる。ただ先述したように，習慣になってしまうまでは，褒められないのであれば挨拶はしないという形で消えてしまうこともあるので注意が必要である。

　その他，テスト勉強を頑張ったところ成績が上がったので，次のテストでも同様に頑張ったという経験のある方もいるのではないだろうか。このように次の行動に結びつくためには，頑張ったという行動と良い成績との関係性が結びついていることと，良い成績をとれたということをうれしく感じていることが必要である。

　また，忘れ物をしたら授業中に困ったので，忘れ物をしないように気をつけるようになった，同じく忘れ物をして注意されたので忘れ物をしないように気をつけるようになった，などといった「良くない結果」が起こったことによって「忘れ物をする」というふさわしくない行動の頻度が下がったという学習の例もあるだろう。ただ，叱られたなどといった他者から与えられた嫌悪刺激による影響は即効性があるものの，長続きしにくいという指摘もある。そのため，ふさわしくない行動をしないように導いていく上で，嫌悪刺激を使って抑えるということ以外の方法も探っていく必要があると考えられる。

なお，このような報酬刺激や嫌悪刺激が与えられるときというのは，必ずしも目で見えるモノを与える必要があるわけではない。目で見えるモノが与えられなかったとしても，学習者自身が良い結果だと感じたり，良くない結果だと感じていたりすれば行動変容につながってくることはあるのである。むしろ学習者の年齢が上がってくるとそのようなケースが多くなってくるかもしれない。そのように学習者自身の価値基準に基づいて自身の行動を評価できるようになると，第三者からの働きかけがなかったとしてもふさわしい行動の頻度が高くなり，ふさわしくない行動が抑えられていくということも期待できるであろう。

■引用文献

Reynolds, G.S., *A primer of operant conditioning*. Glenview, Ill: Scott, Foresman,1975（レイノルズ『オペラント心理学入門』浅野俊夫訳，サイエンス社，1978 年）
富永大介他編『教職を目指すひとのための発達と教育の心理学』ナカニシヤ出版，2016 年

■課題

1. あなたがこれまでに古典的条件づけによって獲得した行動にはどのようなものがあるだろうか。具体例を挙げてみよう。
2. あなたがこれまでに道具的条件づけによって獲得した行動にはどのようなものがあるだろうか。具体例を挙げてみよう。
3. 古典的条件づけや道具的条件づけによる学習を促進するために，周囲の人はどのようなことができるだろうか。具体的な環境整備や働きかけなどを提案してみよう。

■参考図書

山内光哉・春木豊編著『グラフィック学習心理学——行動と認知』サイエンス社，2001 年

第9章 | 認知からみた学習

　学習とは，単に記憶するだけではなく，考えたり深く理解したり，様々な知識を関連づけたりしながら，子ども自身が高次の知識や概念を作り上げていったり，汎用性を高めていったりすることを含んでいる。2017（平成29）年告示の新学習指導要領では，知識を関連づけたり，高次の概念を作り上げたり，汎用性を高めていったりすることを「深い学び」と呼んでいる。本章では，理解すること，考えること，知識の習得にかかわる認知のしくみについて学習する。また，日常で培われる知識と学校で培われる知識とのかかわりについてもみていく。

キーワード
記憶　概念的発達　知識の獲得　メタ認知　学習方略　熟達化

第1節　「わかる」「考える」を支える記憶のメカニズム

（1）「覚える」ことにも「わかる」ことがかかわっている

記憶の実験を体験してみよう

　学ぶことは，覚えることと深くかかわっている。覚えることとはどのようなことなのだろうか。単語帳の表と裏に，日本語の単語と英語の単語を書き，それらの単語を1対1で暗記できれば，覚えたことになるのだろうか。それとも，覚えることは，丸暗記よりも深いプロセスを含むのだろうか。その疑問について確かめるために，簡単な記憶の実験を体験してみよう。

　数や単語のリスト（A）（B）（C）を，順番に30秒間かけて覚えて，書き

出そう。準備するものは，紙と筆記用具，タイマーである。タイマーを30秒にセットして，スタートさせたら，リスト（A）を覚えよう。リスト（A）の他は，紙などで隠すと覚えやすいだろう。30秒経ったら，教科書を伏せて，準備した紙に思い出した順番に書き出そう。

　リスト（A）について，思い出せなくなるまで書き出したら，次は，リスト（B）について同じ手順で覚えて書き出そう。リスト（C）についても同様である。リスト（C）を書き出す場合は，漢字やカタカナでなくてもよいこととする。

　（A）6270 192 5384

　（B）090 5926 8473

　（C）馬　本棚　バス　椅子　熊　ヨット　ライオン　オートバイ　飛行機　猫　テーブル

　（A）（B）（C）のリストについて，すべて思い出して書き出したら，それぞれの数や単語をどの程度の数思い出せたかを確認して，思い出せた個数を書き出そう。

短期記憶と知識

　先ほど体験した記憶の実験は，「短期記憶」と呼ばれる機能を中心にみることができる。短期記憶は文字通り短い時間，限られた個数しか覚えていることができない記憶のことである。さきほど書き出した数や単語の数は，いくつだっただろうか。多くの方は5個から9個だったのではないだろうか。短期記憶では多くの場合，7プラスマイナス2，すなわち5から9の項目を記憶することができる。また，それぞれのリストを心のなかで繰り返しながら覚えようとしなかっただろうか。短期記憶が保たれる時間は，せいぜい数十秒である。何もしなければ，書き出す前に忘れてしまう。しかし，心のなかで繰り返している（リハーサル）間は，覚えていることができる。

このように，容量も記憶時間もごく限られた短期記憶だが，ある工夫によって容量を増やすことができる。短期記憶の7プラスマイナス2項目における「項目」とは，数字1つの場合もあるし，数字3つの場合もある。また，3つの文字からなる単語の場合もある。数字3つ，あるいは3つの文字からなる単語のように，いくつかの要素をまとめたものを「チャンク」という。「チャンク」を大きくすればするほど短期記憶として覚えられる内容も増えることになる。「090」は携帯電話の番号を連想するため，チャンクにしやすい。また，リスト（C）の単語もよく知っているものの名前であるためチャンクにしやすい。リスト（C）は，さらに，動物，乗り物，家具のそれぞれのカテゴリーに属していることに気づけば，さらにたくさん覚えることができる（Tulving & Pearlstone, 1966）。

　「『090』は携帯電話につけられる」とは，一種の知識である。また，対象の名前やカテゴリー名，また，動物——馬・熊・ライオン・猫，家具——本棚・椅子・テーブル，乗り物——バス・ヨット・オートバイ・飛行機というカテゴリーの階層性も知識である。自分が持っている知識と関連づけて覚えようとすることで，覚えやすくなり，長く覚えていられる可能性が大きくなる。

長期記憶の種類と問題解決

　私たちが通常「記憶」という場合，長く覚えているものを指す。半永久的に覚えている記憶を長期記憶という。

　ことばで表現できる長期記憶の1つはエピソード記憶と呼ばれている。「昨日の夕飯はカレーライスだった」などのように，いつどこで誰が何をしたかという情報があるものである。また，いつどこで誰が何をしたかという情報がない意味記憶もある。たとえば，「地球は太陽系の惑星である」などのように，百科事典に載せられているような内容である。

　最初の記憶の実験で出てきた「090は携帯電話の番号である」や，「馬やライオンは動物である」は，意味記憶である。私たちは，意味記憶を思い出して，新しい情報と関連づけながら，新たに記憶している。

　また，私たちは，エピソード記憶を思い出しながら，現在の問題を解決し

たりしている。たとえば，試験で，答えを思い出しそうで思い出せないとき，教科書の何ページに書いてあったかを思い出すことで，答えを思い出せた経験はないだろうか。教科書の何ページというのは，予習復習や授業で見たときの記憶であるため，エピソード記憶である。

　長期記憶のうち，言語化が難しいものを手続記憶という。手続記憶には，身体的なコツのようなものが多分に含まれている。たとえば，文字の書き方や自転車の乗り方，料理の仕方などである。料理に慣れないうちは，文章でレシピを読むよりは，動画や画像で見た方がわかりやすい。料理の仕方には，手続記憶が多く含まれているからである。

（2）「考える」を支える記憶のメカニズム

　私たちは，様々なことを思い出しながら，考えをめぐらせている。私たちが未知の事柄について考える際にも，すでに知っている内容を思い出したり，本やインターネットで調べたりして，それらと未知の事柄を関連づけたりしている。様々な側面の情報を使って，新たな事柄を考えついたりする際にも，短期記憶が使われている。短期記憶が考えたり情報を処理したりする際に使われる場合には，「ワーキングメモリ」と呼ばれる。ワーキングメモリのもっとも単純な例には暗算が挙げられる。5と8の足し算では，頭に5と8を思い浮かべて，5と8を足して13という答えを出す。5と8は，黒板や計算ドリルに書かれていて，目で見たものをワーキングメモリで処理しているかもしれない。また，「5足す8は？」と音声で聞いた情報を処理するかもしれない。

　ワーキングメモリには，いくつかの要素が含まれている。暗算の例の「目で見る」は視覚情報，「音声で聞く」は聴覚情報である。齊藤・三宅（2014）によると，Baddeley によるワーキングメモリの複数成分モデルには，中央実行系，音韻ループ，視空間スケッチパッド，エピソード・バッファの4つの要素が関係している（pp.4-6）。授業でノートをとる際には，4つの要素は以下のように働いている。私たちは講義の音声を聞きながら（音韻ループ），スライドや黒板の文字，図表を見て（視空間スケッチパッド），ノートを見なが

ら（視空間スケッチパッド）筆記用具を動かす。また，音声を聞くこと，黒板やスライドを見ること，ノートを見ながら筆記用具を動かすことを同時におこなうために，注意を配分している（中央実行系）。さらに，講義の音声や黒板やスライドの内容から以前学んだ内容（長期記憶）を思い出し，それらを関連づけながら理解する（エピソード・バッファ）。このように，私たちは，ワーキングメモリを介して，見聞きした情報と長期記憶を関連づけながら，理解したり考えたりしている。

第2節 「深い学び」につながる認知的要因

（1）知識の構造化のタイプ

2017（平成29）年告示の新学習指導要領では，「主体的・対話的で深い学び」が重視されている。「深い学び」とは，各教科で，すでに身につけている知識や技能を活用，発揮することで，知識や技能が相互に関連づけられたり組み合わされたりして，構造化・身体化していくことを指す。そして，結果として，いつでもどこでも使える知識や技能になっていくことを目指している（田村，2018）。

田村（2018）によると，知識の構造化はいくつかのタイプに分けられる。1つめは，「○○は△△である」「○○ならば□□である」という宣言的知識（ことばにできる知識）がお互いに関係し合っていることに気づき，たくさんの知識が相互に関連し合っていくことで，概念化していくタイプである。たとえば，夏野菜の栽培の過程で，どの野菜も花が咲いて実がなるが，つるが伸びるのはキュウリだけであるという野菜に共通する特徴や相互の違いから，植物の斉一性や多様性に気づくことは，このタイプである（p.39-40）。

知識の構造化の2つめは，手続き的知識つまり身体所作を伴いことばにすることが比較的難しいタイプの知識がつながり構造化していくタイプである（田村，2018）。3つめは，知識が様々な場面や状況とつながることで，汎用性が高まるタイプである。たとえば，四角形の縦と横を掛け合わせる求め方は，三角形にも活用できる。さらに，台形にも活用できることに気づくと，

基本的な公式が応用できるようになる（田村，2018, pp.51-52）。4つめは，知識が目的や価値，手ごたえとつながるタイプである。これは，「学びに向かう力・人間性」と関連する（田村，2018, p.58）。

（2）「深い学び」と関連する認知のしくみ

精緻化

　精緻化とは情報を付け加えたり，相互に関連づけたり，すでに持っている知識と関連づけたりして，記憶しやすくする方略である。精緻化には，新たな情報を自分や自分に親しい他者に関連づける自己関連づけ，自分でまとめ直したり作り直したりする自己生成，新たな意味づけを与える有意味化，イメージ化がある（伊藤，2006）。田村（2018）の例でいうと，夏野菜はどれも花が咲いて実がなるというのも精緻化のひとつといえ，精緻化することで，深い学びにつながっていく。

メタ認知

　メタ認知とは認知についての認知である。メタ認知は，メタ認知的知識とメタ認知的活動に分けられる。メタ認知的知識は，人間の認知特性や課題，方略などの知識に分けられる。「思考は感情に左右されやすい」「計算ミスを防ぐには，検算が役に立つ」（三宮，2018, p.18）などの例が挙げられる。メタ認知的活動は，認知についての気づきや予想，点検，評価などであるメタ認知的モニタリングと，認知についての目標，計画，修正とかかわるメタ認知的コントロールに分けられる（三宮，2018）。

　メタ認知的活動について，小学校1年生国語科の「質問と応答」での活動（田村，2018）をみてみよう。「『これはなんでしょうゲーム』を二人一組の対戦形式（p.151）」での質問の仕方が1回めと2回めでは異なっていた。1回めでは質問表に示されている事項を順番に聞いていたのが，2回めでは，「出題者の言葉に合わせて正解のイメージを明らかにしながら質問する姿が出てくる（p.152）」。対戦で正解にたどり着くという目標に近づいているかをモニタリングしながら，実際に質問の仕方を変えるようにコントロールしている

ことがわかる。また，「鉄棒」という答えにたどり着くために，「どのくらいの大きさですか」「何でできていますか」(pp.153-154) などの質問がされるようになり，質問が進むにつれて，場面や状況とつなげる形で知識の構造化が起こっており，メタ認知的活動と知識の構造化が関連して起こっていることが示唆される。

熟達化

学習の過程で知らなかったことを知るようになり，できなかったことができるようになる。この過程を熟達化という。学習する前を「初心者」，様々なことを知り，習熟した後を「熟達者」と呼ぶ（田中，2008）。熟達者と初心者とは年齢だけでなく，経験も関連する。子どもであっても，ある特定の分野で経験を積むことで熟達者になり得る。たとえば，恐竜に関する熟達者の子どもの場合，階層的な知識を持っており，それらの知識を恐竜の分類に使用することができる。一方，初心者は，分類には関連しない知識を使って分類しようとする（Chi et al., 1989）。

田中（2008）によると，熟達化を促す要因には，経験の量，経験の質，チャンキングがある。経験の質の要件をまとめると，教師が熟達化に導くための知識を蓄積していき，活動が構造化されていること，学習者が長期にわたり行為を改善し弱点を補強できること，学習者が行為の改善を自覚して実践に取り組めることが挙げられる（pp.130-132）。

第3節　日常生活での経験で培われる知識と学校教育で培われる知識

子どもは日常生活で多くの事柄を獲得する。日常生活で獲得された知識やスキルは，学校で学ぶ事項の基礎となると同時に，学校での知識習得を妨げる要因にもなり得る。ここでは，幼児が習得している数のスキルと，小学校入学以降に持っている経験的な知識（素朴概念）についてみたのち，これらの知識やスキルがあることを前提として，学校で学ぶ事柄を深く理解する道筋についてみていく。

（1）日常生活での経験で培われる算数に関連する知識

対象を数える際のスキル・方略・原理

　具体的な対象を数える（計数）場合には，「いち」「に」「さん」のような声に出す数詞と，対象とを対応づける必要がある。小学校入学までには，対象を正確に数えるスキルが獲得されている。吉田（1991）によると，対象を一方の端から順に指さし，「いち」「に」「さん」「し」と声に出す数え方が典型的である。幼児は，このような数え方が身につく前に，対象を飛ばして数えたり，同じ対象を2回数えたりすることで，数え間違えたりする（pp.68-71）。

　幼児が身につけている計数の5つの原理は，一対一対応，安定した順序，基数，抽象，順序無関係である。一対一対応の原理とは，数詞と数えるものをひとつずつ対応させることである。安定した順序の原理は，対象を数える際に，声に出して唱える数詞の順番が同じであることである。典型的な数え方は，「いち」「に」「さん」「し」のように，数字の並びと同じ順番である。しかし，ある子どもが一貫して「いち」「に」「さん」「ご」のように，「し」を抜かして数えていたとしても，いつも同じ順番で数えているのであれば，安定した順序の原理を適用していることになる（Gelman & Gallistel, 1989, p.84-86）。

　基数の原理とは，対象を順に数えていって，最後まで数え終わったときの数が対象の数を示すという原理である。おはじきが5つ並んでいたとして，幼児にいくつあるか尋ねると，その幼児は，対象をひとつずつ数えていって，「ご」という数詞で終わったとすると，「5個」と答えるだろう。抽象の原理は，対象が個別の物体として独立しているのであれば，種類がどのようなものであれ「いち」として数えることができるというものである。順序無関係の原理は，数える対象の順番は，数を特定するのとは無関係であるというものである。たとえば，対象を端から順に数えているときに，うっかり飛ばして数えたとしても，元に戻って飛ばした対象を数えることができれば，対象の数を正確に把握することができる。ただし，実際に対象をバラバラの順番で数えると，数えた対象とまだ数えていない対象を覚えていなければならな

い（Gelman & Gallistel, 1989, p.86-90）。

小学校入学までに培われる数唱のスキル

　数唱とは，対象がない状態で数を唱えることである。「10 まで数えたらお風呂から上がろう」というときに 1 から順に唱えるのは数唱である。吉田（1991）によると，幼児は，最初のうちは，1 から順に数え始めると，途中で止めることはできずに，自分が知っている数をすべて言ってしまったりする。しかし，数唱に慣れてくると，1 から数え始めて途中で止めることができるようになる。さらに習熟すると，1 からある数までで数唱を止め，さらに数唱を再開して，次の数で止めることができるようになる。たとえば，「7 から 12 まで数えてみて？（p.86）」という質問にも，答えられるようになる。これらは，数え始める数や終わる数を覚えておく必要があり，短期記憶の発達とともにできるようになる。このように，数唱を自由に止めたり始めたりできるスキルを使って足し算をすることもできる。たとえば，3+6 は最初に「6」と数えて「7」「8」「9」と 3 回口に出せばよい。

（2）素朴概念

　素朴概念とは，日常生活での経験で獲得された概念や知識のことである。素朴概念が強固すぎると，科学に基づく概念を獲得する際の妨げになる場合がある。新田（2012）によると，日常の経験から獲得される「力を加え続けない限り，物体はやがて止まる」という素朴概念と，ニュートン力学の「等速直線運動をしている物体には力が働いていない」という基本法則は，不整合をきたし得る。その不整合が学習のなかで明快に解消されればニュートン力学の基本法則を正しく理解できる。不整合が残されている場合は，「素朴概念の寄せ集めとしての『運動の法則』と教室で教えられた運動の法則との 2 つの知識体系を持つ生徒が育ってしまう」（p.17）。

　第 4 章で取り上げた，仮説実験授業「ものとその重さ」における小学校 6 年生の授業実践（加川，1974）でも，重さに関する素朴概念がみられる。体重計に乗ったときに，「ウ．しゃがんでふんばるといちばん重い」を選んだ

子どもがもっとも多かった。討論の後，体重計に乗って確かめると，どの乗り方でも体重計が指す目盛りは同じで，「エ．どれもみな同じ重さ」が正解だった。しかし，どの乗り方でも重さは同じであることが信じられない子どもが多くいて，何度も乗り直して，それでも信じられない子どもが数名残った（pp.11-18）。

　板倉・渡辺（1974）によると，「授業書〈ものとその重さ〉のねらいは，物質のもっとも基本的な性質としての重さ（質量）の概念――その保存性と加法性とを明確にして，物質概念の基礎をきずくことにある」（p.19）という。体重測定の問題における重さの保存性とは，「姿勢が変わっても，ふんばっても重さは変わらない」（p.21）ということである。『小学校学習指導要領（平成 29 年告示）解説　理科編』（文部科学省，2018a）では，重さの保存性の理解は小学校 3 年の学習内容と対応する。しかしながら，小学校 6 年生であっても，重さに関する素朴概念を強固に持ち続ける子どもがいることを示している。

　素朴概念が深い理解の妨げになる場合があるのは，子どもに限ったことではない。たとえば，いわゆる「神エクセル問題」は，紙の書類の作成と処理に関する知識を，表計算ソフト Excel でのファイル作成とデータ処理に適用してしまったために起こると考えられる。奥村（2013）によると，Excel の申請書で，方眼紙のような 1 セル 1 文字の書式，セル結合などを使用しているために，データの集約や解析に困難が生じる事例が発生している。大規模データの処理が普及している昨今，表計算ソフトなどの仕組みと運用方法を理解し，紙の処理と切り分ける必要性が生じている。

（3）日常での既有知識や素朴概念を出発点として科学的概念の深い理解へとつながっていく道すじ

　概念的に深く理解することは，「子ども自身が多様な知識を関連づけることで物事をとらえる新しい枠組みを作るという質的変化のプロセス（知識の構造化）」である（藤村，2012, p.111）。また，「深い概念的理解とは，そのプロセスを経て形成された，様々な利用可能な柔軟性を持つ認知的枠組み」

（p.111）である。日常での既有知識や素朴概念を出発点として，科学的概念の深い理解へとつながっていく道筋として，子どもの部分的に有効な既有知識を利用する方法，子どもの誤った既有知識を利用して認知的葛藤を起こす方法，自分や他者の判断についての理由を説明する方法が挙げられる。

子どもの部分的に有効性を持つ既有知識の利用

　小学校高学年になると，算数の内容が高度なものになる。『小学校学習指導要領（平成 29 年告示）解説　算数編』（文部科学省，2018b）によると「C 変化と対応」では，小学校 4 年から「伴って変わる二つの数量やそれらの関係に着目し，変化や対応の特徴を見いだして，二つの数量を関係を表や式を用いて考察する力」が資質・能力に含められるようになる。また，これらの資質・能力は中学校以降の「C　関数」へとつながっていく（文部科学省，2018b, p.19）。

　従来，小学校高学年の算数では，単位あたりの量，割合，比例などが割り当てられており，子どもにとって理解することが難しい内容である（岡崎，1999）。単位当たりの量，割合，比例などが子どもにとって難しい理由には，概念的な内容であること，「ひっくり返してかける分数の割り算に代表されるように，形式的な処理が施される内容が多い」（p.39）ことが挙げられる。小学校 3 年までは，身の回りにある具体的なものを数量や図形の側面から理解して表現すること（文部科学省，2018b）が求められていた。一方，小学校 4 年以降は，具体的な側面を超えて，抽象的な側面に足を踏み入れることにより，小学校 3 年までと比較して難易度が上がる。

　子どもにとって難しい比例の問題でも，「子どもの多様な既有知識を喚起できる日常的な題材と，多様な因果や根拠を探求できる問題，すなわち，多様な解，解法，解釈，表現などが可能な問題を設定すると，子どもは自ら知識を関連づけて理解を求めていく」（藤村，2012, pp.112-113）ことが研究によって示されている。小学校 3 年生から 5 年生に対して，「赤いミニ四駆は 2 秒で 4 メートル進みます。同じ速さで 4 秒進むと何メートル進むでしょうか」（p.112）という比例に関する問題を出したときに，小学校 3 年生でも，2 倍や単位あたりの関係に着目することで，正しく計算することができた。ま

た2秒と5秒という非整数倍の問題についても，小学校4年生と5年生では，2秒で4メートル，4秒で8メートル，残り1秒で2メートル進むので10メートルという，2倍して残りは1秒で2メートルという単位あたりの計算で正しく計算することができた。2倍と単位あたりの組み合わせは，比例の学習では出てこない解法であり，子どもたちが問題を解くために自発的に組み合わせたものである（藤村，2012）。

子どもの誤った既有知識を利用した認知的葛藤の経験

　既有知識では事象の理解が難しいことに気づくことを認知的葛藤という。ここでは，認知的葛藤を利用して科学的概念に基づく理解へと方向づける方法についてみていく。

　ふたたび仮説実験授業の「ものとその重さ」の授業実践についてみていく。「ものとその重さ」の第1部である「ものの重さとはかりかた」では，最初に体重測定の問題が扱われる。同じ子どもが体重計に乗ったとして，両足で立ったときと片足で立ったときと，しゃがんで踏ん張ったときとでは，体重は変わらない。しかし，重さの素朴概念があると，両足で立ったときが一番重いと予想したり，しゃがんで踏ん張ったときが一番重いと予想したりする。その後，予想の理由の発表，討論，実験と進めていくなかで，同じ対象であればどのような乗り方であっても重さは変わらないことを受け入れていく（加川，1974）。

　このように，既有知識では説明できない事象が出てきたときに，新しい概念が受け入れられる余地が出てくる。「ものとその重さ」では，ボール型，直方体，細長い紐状にした粘土の重さ（第1部問題2），粘土がはかりからはみ出たときの重さ（第1部問題3），はみ出た粘土が他のものに乗ってしまったときの測定（第1部問題4）と続いていく（板倉・渡辺，1974）。これらの問題で予想と理由を考え，討論をし，実験で確かめていくなかで，概念の再構成が起こっていくと考えられる。

　ただし，既有知識の誤りを認識させることでは新しい知識を受け入れていくことにはつながらないことも指摘されている（藤村，2012）。実際に加川（1974）の体重測定の授業実践においても，実験を重ねても素朴概念が覆ら

なかった子どもがいたことから，認知的葛藤を利用すること以外の方法も導入する必要があるだろう。

「深い学び」につながる自己説明と対話

　認知心理学の研究では，自分や他者の判断の理由を説明する（自己説明）ことで，その後の理解が深まることが示されている。自己説明は，具体的な場面での判断とその根拠を探求する手助けとなる。そして，既有知識と課題場面に含まれる情報との関連づけが進み（藤村，2012, pp.113-115）深い学びへとつながっていく。

　授業場面においては，具体的な場面での判断とその根拠を探求する方法として，話し合いや討論などの広い意味での対話が挙げられるだろう。たとえば，加川（1974）における仮説実験授業「ものとその重さ」の授業実践では，ボール型，直方体，細長い紐状にした粘土の重さを問う第1部の問題2で，「重くなるというんなら，その重くなった分はどこからきたというんですか？」（p.19-20）という重さの保存の本質をとらえた質問がなされている。この質問は，ある形の粘土が重くなるという予想をした子どもに向けられたものであると同時に，どの形でも同じであると予想した自分の判断の根拠を探して明確化することにつながると考えられる。

■引用文献

Chi, T.H.M. et al., How Inferences About Novel Domain-Related Concepts Can be Constrained by Structured Knowledge. *Merrill-Palmer Quarterly*, 35（1），1989, pp.27-62.

藤村宣之『数学的・科学的リテラシーの心理学――子どもの学力はどう高まるか』有斐閣，2012年

Gelman, R. & Gallistel, C.R. *The child's understanding of number.* Harvard University Press, 1986.（R. ゲルマン・C.R. ガリステル『数の発達心理学――子どもの数の理解』小林芳郎・中島実訳，田研出版，1989年）

伊藤美加「学習の認知プロセス」北尾倫彦ほか『精選 コンパクト教育心理学――教師になる人のために』北大路書房，2006年，pp.65-74

板倉聖宣・渡辺慶二『ものとその重さ――仮説実験授業記録集成4』国土社，1974年

加川勝人「仮説実験授業実践ものがたり――〈ものとその重さ〉を実践して（6年）」板倉聖宣編著『はじめての仮説実験授業』国土社，1974年，pp.8-39

文部科学省『小学校学習指導要領（平成 29 年告示）解説　理科編』日本文教出版，2018 年 a

文部科学省『小学校学習指導要領（平成 29 年告示）解説　算数編』日本文教出版，2018 年 b

新田英雄「素朴概念の分類」『物理教育』60（1），2012 年，pp.17-22

岡崎正和「算数から数学への移行期における子どもの論理の発達の特徴——除法の一般化を事例として」『上越数学教育研究』14, 1999 年，pp.39-48

奥村晴彦「『ネ申 Excel』問題」『情報教育シンポジウム 2013 論文集』2013 年（2），pp.93-98

齊藤智・三宅晶「ワーキングメモリ理論とその教育的応用」湯沢正通・湯沢美紀編著『ワーキングメモリと教育』北大路書房，2014 年，pp.3-26

三宮真智子『メタ認知で「学ぶ力」を高める——認知心理学が解き明かす効果的学習法』北大路書房，2018 年

田村学『深い学び』東洋館出版社，2018 年

田中俊也「熟達者と初学者」多鹿秀継編著『学習心理学の最先端——学びのしくみを科学する』あいり出版，2008 年，pp.122-133

Tulving, E. & Pearlstone, Z. Availability versus accessibility of information in memory for words. *Journal of Verbal Learning and Verbal Behavior*, 5, 1966, pp.381-391.

吉田甫『子どもは数をどのように理解しているのか——数えることから分数まで』新曜社，1991 年

■課題

1. 最初に紹介した記憶の実験を実施したときの内容について検討しよう。

　1-1　（A）（B）（C）のリストで書き出すことができた数字，単語はそれぞれいくつだったか。

　1-2　これらのリストを覚える際に，リハーサル（復唱）を使ったか。

　1-3　1-1，1-2 の記述を踏まえて，短期記憶の性質について，自分なりに考察してみよう。

2. 歴史や古典文学を学ぶ際に，それらを原作とする小説や漫画を読むことを勧められる場合がある。これらの作品を読むことで学校における学びが促進される場合，どのような理由が考えられるだろうか。また，逆に，学校での学びが阻害されるとしたらどのような理由が考えられるだろうか。

3. 自分や他者の判断の理由を説明することで「深い学び」へとつながっていく理由について，テキストで挙げた以外の例を用いて説明してみよう。

■参考図書

藤村宣之『数学的・科学的リテラシーの心理学——子どもの学力はどう高まるか』有
　　斐閣，2012 年
三宮真智子『メタ認知で「学ぶ力」を高める——認知心理学が解き明かす効果的学習
　　法』北大路書房，2018 年
田村学『深い学び』東洋館出版社，2018 年
吉田甫『子どもは数をどのように理解しているのか——数えることから分数まで』新
　　曜社，1991 年

第 10 章 | 参加からみた学習

　本章の目的は，人が学ぶということを「実践共同体への参加」という観点からとらえ直してみることにある。最初に，(1) 学習についての私たちのイメージが教える人と学ぶ人という二者間のやりとりとして発想されがちなことを確認する。その上で，(2) 人の学びを実践共同体への参加の度合いとして捉える考え方について「正統的周辺参加論」と「導かれた参加」という2つの理論を通して学ぶ。最後に，(3) 学習者の参加としての学びを支える支援者の役割について「ドーナツ論」と呼ばれる理論を通して考えていく。これらを学んでいくことを通して，人が学ぶということをより広い視野からとらえ直せるようになることが本章の目指すところである。

キーワード
実践共同体への参加　正統的周辺参加論　導かれた参加　ドーナツ論

第 1 節　学びの素朴理論

　素朴理論というのは，ある物事について通例，そのように考えられている，あるいはそのようにイメージされている，という意味での物事に対する考え方のことである。では，「学び」という言葉を聞いて読者がイメージすること，学びの素朴理論はどのようなものであろうか。すぐに思い浮かぶのは学校という制度的な文脈のもとで，先生と呼ばれる人たちから様々な知識や技能を教わる子どもたちの姿であろうか。あるいは学校という制度的な文脈を離れてみてはどうか。習いごとや稽古場でやはり先生や師匠と呼ばれる人から特定の知識や技能を教わる自身の姿であろうか。学びの素朴理論のなかに

は「学び」とは先生と呼ばれる人たちから教えを受けることを通して自分自身の知識が増えたり，技能が向上したりしていくこと，というイメージがある。

視点を換えてみよう。では，部活動で大会に向けた自主練に友だちと励んだり，アルバイト先で店頭に立って接客をしたり，アイドルのファンコミュニティで「推し」を応援したり，競技場でサポーターの一員として特定のスポーツチームを応援したり，あるいはインターネット上でつながった匿名の仲間たちとソーシャルゲームに興じたり，といった活動はどうであろうか。これらの活動を通して得られる何かしらは「学び」とは呼べないだろうか。「学び」と呼べないか，と問われれば「学び」と呼べる気もする。けれども，どこか「本当の学び」とは呼べないのではないか，という一抹のためらいを覚えるのではないか。

さて，本章の目的は上に挙げたいくつかの例が確かに「学び」と呼び得る，ということを理解することにある。学びの素朴理論は，学校という制度的な文脈における「先生の教え」と「子どもの学び」という両者の単線的な結びつきの内側でイメージされがちである。本章の目的はこのイメージを解きほぐし，人の「学び」という営みをより広い視野からとらえ直すことにある。

第2節　正統的周辺参加論

この目的に道標を与えてくれるのがレイヴとウェンガー（Lave, J. & Wenger, E.）の「正統的周辺参加論（Legitimate Peripheral Participation）」（Lave & Wenger, 1991; 佐伯訳，1993）と呼ばれる考え方である。

（1）実践共同体というアイデア

レイヴとウェンガーは，人が学ぶということが，学校という制度的な文脈における「先生の教え」と「子どもの学び」という両者の単線的な結びつきの内側でイメージされることに対して異を唱えた。彼らは，人が学ぶということは，教わることの結果として個人の知識が増えたり，技能が高まったり

することにとどまらず，様々な状況のもとでの多様なかかわりを通して，人が「その人」として成長していくことを指していると主張した。この考え方の１つの土台となるのが「実践共同体（community of practice）」（Lave & Wenger, 1991; 佐伯訳，1993）というアイデアである。ここでいわれる実践共同体とは，特定の目的を持った活動に携わる人々がゆるやかに結びついたかかわりの集合を指している。ただしこれは，必ずしも「これ」と名指せる組織や集団を指しているわけではないので注意が必要である。学校のクラスや部活動，アルバイト先の飲食店といった具体的なイメージの湧くものも，もちろん含まれるが，アイドルのファンコミュニティやスポーツチームのサポーター，インターネット上でつながった匿名のユーザーコミュニティといった共同体の境界が曖昧なものも含まれる。この意味で実践共同体というのは，実体的なものではなく概念的なもの，つまり，それとして在るものではなく，説明のための枠組みとして理解するべきものである。

（2）人の学びを実践共同体への参加の度合いとしてみる

さて，人が学ぶということを教わることの結果として個人の知識や技能が増えていくこととしてではなく，実践共同体というアイデアを足場にして考え直すとどうなるか。結論からいえばこれは，人が学ぶということを何らかの知識や技能を「獲得」していくこととしてではなく，実践共同体に「参加」していくこととしてとらえ直すことを意味する。もう少し正確にいえば，人が学ぶということを，実践共同体への変わりつづける参加の度合いとしてとらえ直すことを意味する。参加の度合いとは何か。これについてレイヴとウェンガー（1991; 佐伯訳，1993）は「周辺参加（peripheral participation）」と「十全参加（full participation）」という２つの言葉を使って説明する。

周辺参加というのは，実践共同体が主としておこなっている実践に対する浅い関与を指している。言い換えれば，新参者の実践へのかかわり方として特徴づけることのできる参加のあり方を指している。たとえば，運動部の練習で球拾いやグラウンド整備から任されたり，飲食店のアルバイトで食器洗いや店舗清掃から任されるといったように，実践共同体の主たる実践から一

定の距離を持ちつつも，実践共同体においては必要とされる実践に携わっている状態を指している。周辺参加の位置づけにある学び手は，実践共同体の主たる実践への見通しが得られつつも，当の実践に対する責任は免除されているのが通例である。

これに対し十全参加というのは，実践共同体が主としておこなっている実践に対する深い関与を指している。先との対応でいえば，古参者の実践へのかかわり方として特徴づけることのできる参加のあり方を指している。たとえば，公式試合に出場したり，厨房に立って提供される料理をつくるといったように実践共同体の主たる実践に近接するところで，実践共同体にとって不可欠な実践に携わっている状態を指している。十全参加の位置づけにある学び手は，実践共同体の実践に広く通じ，当の実践に対する責任も重いのが通例である。

人の学びを実践共同体への変わりつづける参加の度合いとしてとらえ直す正統的周辺参加論の考え方では，学び手の参加の位置づけが上に書いた意味で周辺参加から十全参加へと移動していくプロセスを学びとしてとらえることを提案する。ただし，すぐに気づかれるように公式試合に出場することや厨房に立って料理をつくることが，かならずしもその実践共同体や学び手にとっての十全参加を意味するとは限らない。裏返していえば，グラウンド整備や食器洗いの仕事が必ずしも実践共同体や学び手にとっての周辺参加を意味するとも限らない。この意味において周辺参加や十全参加という枠組みは，実践共同体の実践と学び手の目指すものとの関係に応じて柔軟に変化するものと考えた方がよいだろう。

（3）学び手の参加の度合いが変わっていくことでいったい何が変わるのか

では，学び手が周辺参加から十全参加へと移動していくプロセスで，いったい何が変わっていくのだろうか。この問いには2つの側面から答える必要がある。1つ目は，学び手自身の変化という側面である。2つ目は，実践共同体の変化という側面である。順番にみていこう。

参加にともなう学び手自身の変化

　実践共同体に新たに参加していく学び手（ここでは新参者と呼んでおく）は
まず，何らかの仕方でその実践共同体の成員として認めてもらう必要がある。
さもなければ，自身がその実践共同体の実践に携わってよいのか，そうでな
いのかの判断がつかない。したがって新参者には，その実践共同体の実践に
関与するメンバーとして受け入れられているという実感が必要である。この
実感を支えるための仕組みとして，行事や文書といった制度的な手続きが用
いられる場合もあるだろうし，より柔軟な手続きが用いられる場合もあるだ
ろう。たとえば，入部届や採用通知書といった文書が取り交わされたり，古
参のメンバーによる参加の承認といった手続きがとられたりする。正統的周
辺参加論ではこのように新参者がその実践共同体の実践に関与するメンバー
として受け入れられているという実感を得ていることを「正統性
（legitimacy）」（Lave & Wenger, 1991; 佐伯訳, 1993）という言葉で表現する。いわば
「正統性」の実感が，新参者にとっての学びの出発点ということになろう。

　さて，実践共同体の成員として認められた新参者は，最初は周辺の参加者
（peripheral participants）として，やがては十全な参加者（full participants）として
共同体の実践に携わるようになる。この移動の過程で学び手が得るものは何
だろうか。そこにはもちろん，共同体の実践にかかわる様々な知識や技能の
習得といったことが含まれる。当初は知らなかったことを知るようになり，
できなかったことができるようになっていく。だがそれだけではない。周辺
の参加者から十全な参加者へと移動していく過程で，学び手の実践に対する
見通しや見方も変化していく。見えていなかったことが見えるようになり，
実践に対する見方や考え方にも変化が生じてくる。さらに，時間の経過とと
もに実践共同体における立場や役割が変化していくことにともなって，学び
手自身の自分についてのとらえ方や，周囲の人たちからの見られ方も変化し
ていく。これまで古参者に学んできた自分が，いつしか新参者に教える立場
になり，先輩という眼差しを向けられるようになる。正統的周辺参加論では
これを「アイデンティティ」の変化という言い方で説明する。アイデンティ
ティとは学び手の自分自身についての見方（Iの視点）と，周囲の人たちか
らの自身の見られ方（meの視点）とを統合した自分についての見方のことで

ある。この自分自身についての見方，見られ方が実践に深く関与するように
なるにつれて変化していくのである。

　整理しよう。学び手が実践共同体への周辺の参加者から十全な参加者へと
移動していくにつれて，①実践についての知識や技能が習得されるだけでな
く，②実践についての見通しや見方が変わり，ひいては③自分自身について
の見方や見られ方（アイデンティティ）が変化していく。人が学ぶということ
は，単に知識や技能が習得されるということにとどまらず，学び手が実践共
同体や他者とのかかわりのなかでまさに「その人」として成長していくこと
を指している。この意味のもとに正統的周辺参加論では人の学びを学び手の
「全人格的な変容」として特徴づける（Lave & Wenger, 1991; 佐伯訳，1993）。

参加者の入れ替わりによる実践共同体の変化

　さて，学び手の参加の深まりやアイデンティティの変化は実践共同体の実
践にも影響を与える。要するに変化するのは学び手だけではない。実践共同
体もまた変化し得るのである。たとえば，実践共同体における周辺参加者と
十全参加者とでは実践に対する考え方が異なる場合がある。十全参加者の実
践に対する考え方と，周辺参加者の実践に対する考え方とが揃っているなら
ば，実践共同体の実践のあり方について緊張が生じることは少ないだろう。
十全参加者の実践は熟練のものとして，ときに尊敬の念をともなってまなざ
され，周辺参加者は彼らの実践を目標に取り組むことができるからである。
だが，十全参加者の実践に対する考え方と周辺参加者の実践に対する考え方
とが異なっている場合はどうだろうか。このとき実践共同体は自らの実践の
あり方について少なからぬ緊張を経験することになる。十全参加者の実践の
あり方が力を持てば，実践は伝統の継承，再生産という方向に舵をきるだろ
う。だが，周辺参加者の実践のあり方が力を持てば，実践は伝統からの離脱，
すなわち変革の方向に舵をきることになろう。

　もっと言えば，十全参加者が実践共同体を去っていくこともある。十全参
加者が実践共同体を去ったとき，残された成員の実践が変化する可能性は十
分にあり得る。このように，実践共同体の実践のあり方と，実践共同体の成
員のあり方とは密接に結びついている。この結びつきのうちに，少なからぬ

緊張や葛藤が経験され得ることは想像に難くないだろう。

（4）教育のカリキュラムと学習のカリキュラム

　人が学ぶということを，教えの成果として個人の知識や技能が高まっていくこととしてではなく，学び手が実践共同体や他者とのかかわりのなかで「その人」として成長していくことを指すものとしてとらえ直すとき，「教育のカリキュラム」と「学習のカリキュラム」との関係もとらえ直す必要が出てくる。ここに登場する「カリキュラム（curriculum）」という言葉の語源は，ラテン語の *currere* であることが知られている。この語は「走る」ことを意味しており，curriculum という語はこの *currere* から転じて「走路（course）」という意味を持つ。

　この意味を踏まえつつ解釈するならば「教育のカリキュラム」というのは，教育の担い手が学び手に身につけてほしい知識や技能を精選し，整理し，順序立てたものである。いわば，教育の担い手が学び手のために用意した「学びの走路（course）」のことである。これに対し「学習のカリキュラム」というのは，学び手が自身の学びを進めていくときに利用することのできる多様な資源そのものを指している。いわば，学び手自身が自らの学びのために利用する「学びの資源（resource）」のことである。

　さて，人が学ぶということを教えの成果として個人の知識や技能が高まっていくこととしてとらえるとき，「教育のカリキュラム」と「学習のカリキュラム」，言い換えれば「学びの走路」と「学びの資源」とはしばしば一対一の対応関係にあるものとして発想される。要するに，教育の担い手が学び手に身につけてほしいと考えていることと，学び手自身が学びを進めるために利用する資源とが一対一対応の関係にあるものとして考えられる。学校教育の文脈における教科書を用いた教育と学習の関係をイメージすればわかりやすいだろう。

　一方，人が学ぶということを，学び手が実践共同体への参加を通して「その人」として成長していくこととしてとらえるとき，「教育のカリキュラム」は「学習のカリキュラム」の一部として，言い換えれば「学びの走路」は

「学びの資源」の一部として位置づけられることになる。要するに，教育の担い手が学び手に身につけてほしいと考えていることは，学び手自身が自らの学びを進めるために利用することのできる資源の一部ではあるけれども，それがすべてではない。例えていえば，教科書は学校教育の文脈における学び手の学びのための資源の１つには数えられるけれども，それがすべてではない。実践共同体には学び手が利用することのできる多種多様な学びの資源が埋め込まれている。この意味において学び手の学びは「状況に埋め込まれた（situated）」（Lave & Wenger, 1991; 佐伯訳，1993）ものなのである。

第３節　導かれた参加

　レイヴとウェンガーの「正統的周辺参加論」は人間の学びを実践共同体への変わり続ける参加の度合いとしてとらえ直すものであった。同様の発想から人間の発達を，文化コミュニティへの変わり続ける参加の仕方としてとらえ直した試みがあるのでここで紹介しておこう。このアイデアを提唱したのはバーバラ・ロゴフ（Barbara Rogoff）という発達心理学者である。彼女は世界の様々な文化コミュニティにおける子どもと養育者や子ども同士，子どもと大人とのかかわりについての人類学的な研究を調査し，人間の発達は，ひとりひとりが属する文化コミュニティが営んでいる社会的，文化的，歴史的な活動への変わり続ける参加のあり方として説明することができると主張する（Rogoff, 2003; 當眞訳，2006）。人はある文化コミュニティのなかで誕生し，その文化コミュニティがそれまでに営んできた様々な活動に参加するようになる。食事の仕方にはじまり，身だしなみ，生産活動，学習，モノの交換，宗教的な儀式など，たとえにはきりがない。個々の活動への参加の仕方は子どもの成長とともに変化していく。そして，この変化のかたわらには，つねにその子の文化コミュニティでの成長を支える他者の姿がある。語り聞かせたり，手本を見せたり，手伝ったり，見守ったり，一緒に作業をしたり，注意を促したり，様々なかかわりを通して，その子の文化コミュニティへの参加を支える。ロゴフはこのような支えを得ながら子どもが特定の文化コミュニティの活動に参加していくことを「導かれた参加（guided participation）」

（Rogoff, 2003; 當眞訳, 2006, p. 373）と呼ぶ。ここでいわれる「導き（guide）」には，意図的なかかわりも，非意図的なかかわりも含まれる。導かれた参加のあり方は世界の様々な文化コミュニティにおいて多様である。だが彼女は，世界のどの文化コミュニティにおいても共通にみられる導かれた参加の基本的な過程が2つあるという。1つ目が「意味の橋渡し」と呼ばれる過程であり，2つ目が「参加の構造化」と呼ばれる過程である。

　意味の橋渡しというのは，ある活動に一緒に取り組むにあたって必要となる知識の共有がうまくいっていないときに，身近な他者がその不足を補ってやることを指している（Rogoff, 2003; 當眞訳, 2006）。たとえば，母親と幼い子どもが一緒に絵本を読んでいる場面を想像してみよう。子どもが絵本に描かれた動物を指さして声を出したときに，母親が「これは，ゾウさんよ」と声をかける。言葉の利用は文化コミュニティへの参加にとって重要な要素の1つであるが，お互いの理解を，共通の土台の上に乗せるための様々なやりとりが，ここでいわれる意味の橋渡しの意味するところである。

　他方，参加の構造化というのは，子どもたちの経験を身近な大人や他者が調整することを指している（Rogoff, 2003; 當眞訳, 2006）。たとえば，赤ちゃんには文字のない絵本や大きなおもちゃを用意したり，家庭で見てもよいテレビ番組と見てはいけないテレビ番組を決めたり，入園する保育所や幼稚園を選んだり，といったことがこれにあたる。文化コミュニティの活動に参加していく過程で子どもたちが出会う経験を身近な大人や他者が調整する試みが，ここでいわれる参加の構造化の意味するところである。

　意味の橋渡しや参加の構造化をともなう導かれた参加を経て，子どもたちは特定の文化コミュニティの様々な活動に参加するようになる。そして，彼らの成長にともなって，活動への参加の仕方も変化していく。この変化はやがては文化コミュニティの変化にも結びついていくことになる（Rogoff, 2003; 當眞訳, 2006）。

第4節　学びのドーナツ論

　ロゴフの「導かれた参加」という考え方を学ぶと，子どもが文化コミュニ

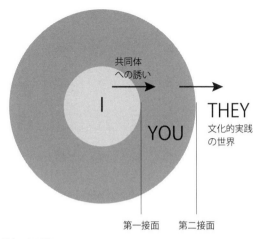

図 10-1　佐伯の「ドーナツ論」

（佐伯，2014, p.154）

ティに参加したり，学び手が実践共同体に参加したりする際に，他者の支え
が重要なのではないか，という気がしてくる。要するに，人が何らかの実践
共同体に参加していこうとするときには，その参加を導いたり，支えてくれ
る他者の存在が重要なのではないか。この点に注目した理論の1つに「学び
のドーナツ論」（佐伯，2014）と呼ばれるものがある。学びのドーナツ論は人
の学びのプロセスを理解するためのモデルとして佐伯胖が提唱したものであ
る。本章で学んできたレイヴとウェンガーの「正統的周辺参加論」やロゴフ
の「導かれた参加」の議論と同じように，人の学びを実践への参加の過程と
してとらえるモデルである。

　最初にドーナツ論の考え方を簡単に要約しておこう。ドーナツ論とは，一
人の学び手としての「わたし」が，人々の営む文化的実践の世界に参加して
いくためには，学び手である「わたし」に親身にかかわってくれる他者の存
在が必要であり，「わたし」はこの他者の導きや支えをとおして，人々の文
化的実践の世界に参加していくことができると考えるモデル（**図 10-1**）であ
る（佐伯，2014）。

　上に要約したように，ドーナツ論によれば，一人の学び手としての「わた

し（I）」が，自身にとって新しい世界にかかわっていこうとするときに，わたしの思いを受け止め，導いてくれる他者（YOU）との出会いが重要になる。ここでは，一人の学び手としてのわたしを「一人称のわたし（I）」と呼び，この「わたし」に対して「あなた」という関係を結びうる他者のことを「二人称の他者（YOU）」と呼んでおこう。ドーナツ論では，この一人称のわたし（I）と二人称の他者（YOU）とのかかわりの場をドーナツの「第一接面」と呼ぶ。接面という言葉はここでは複数の行為主体が出会う場のことを指している。この出会いの場で結ばれる一人称のわたしと二人称の他者との関係の質が，一人の学び手としてのわたしが自身にとっての新しい世界にかかわっていく上で重要な役割を果たすというのが，ドーナツ論の1つの主題である。

　さて，ドーナツ論においてとくに重要な位置づけを与えられているのが，一人の学び手としての一人称のわたしに，親身にかかわってくれる他者，二人称の他者の存在である。具体例を挙げておくならば，子どもにとっての養育者や保育者，教師といった存在は二人称の他者になり得る存在である。二人称の他者は，ドーナツの基点になっている一人の学び手としての一人称のわたしに親身にかかわるだけでなく，一人称のわたしにとって未知の世界ともかかわりを持っている。いわば，一人称のわたしがこれからかかわっていこうとしている世界のことを知っている。二人称の他者はかかわりを持っているけれども一人称のわたしにはまだ知られていない世界のことを，ドーナツ論では一人称のわたしを基点に「三人称の彼ら（THEY）」の世界と呼ぶ。

　では，一人称のわたしが，三人称の彼らの世界とのかかわりを深めていくにはどうしたらよいだろうか。ここで重要な役割を果たすのが，一人称のわたしに親身にかかわりつつも，三人称の彼らの世界にも通じている二人称の他者の存在である。二人称の他者が，一人称のわたしと一緒に三人称の彼らの世界に向かってくれることで，一人称のわたしは安心して三人称の彼らの世界にかかわっていくことができると考えるわけである。ドーナツ論では，このように一人称のわたしと二人称の他者とが一緒に三人称の世界にかかわっていく場のことをドーナツの「第二接面」と呼ぶ。

　二人称の他者には，一人称のわたしが安心して三人称の彼らの世界にかか

わっていけるように助け，支える役割が期待される。子どもにとっての二人称の他者になり得る養育者や保育者，教師はこのことを心に留めておくべきであろう。

　最後に，三人称の彼ら（THEY）の世界について付け加えておこう。三人称の彼らの世界というのは，一人の学び手としての一人称のわたしを基点に世界を眺めてみたときに，知りたいと思っているけれどもまだ知らない世界，かかわりたいと思っているけれども，まだかかわれていない世界のことを指している。このような世界のことをドーナツ論の生みの親である佐伯（2014）は「文化的実践の世界」と呼んでいる。文化的実践の世界というのは，人々がともに，より良い世界や生き方を求めて，過去の知識や技術に学びながら，現在の世界や生き方を変化させ，新たな未来をつくりあげていく絶え間ない営みとして特徴づけられるものである。このような「文化的実践の世界」に，一人の学び手としての一人称のわたしがかかわっていくことができるように，支え，助けることが，ドーナツ論における二人称の他者の役割ということになる。

■引用文献

Lave, J., & Wenger, E. *Situated learning: Legitimate peripheral participation.* Cambridge university press, 1991（レイヴ，J. & ウェンガー，E.『状況に埋め込まれた学習――正統的周辺参加』佐伯胖訳，産業図書，1993 年）

Rogoff, B. *The cultural nature of human development.* Oxford university press, 2003（ロゴフ，B.『文化的営みとしての発達――個人，世代，コミュニティ』當眞千賀子訳，新曜社，2006 年）

佐伯胖『増補改訂版 幼児教育へのいざない――円熟した保育者になるために』東京大学出版会，2014 年

■課題

1. 実践共同体への参加という観点から，ご自身の経験した学びについて具体例を挙げながら説明してみよう。
2. 課題 1 で挙げた具体例に基づいて，ドーナツ論でいわれる「二人称の他者」に期待される役割について説明してみよう。
3. 人の学びを実践共同体への参加の度合いとしてとらえることの意義について自分の

言葉でまとめてみよう。

■参考図書

レイヴ, J. & ウェンガー, E.『状況に埋め込まれた学習——正統的周辺参加』佐伯胖訳,
　　産業図書, 1993 年
佐伯胖『増補改訂版 幼児教育へのいざない——円熟した保育者になるために』東京大
　　学出版会, 2014 年

第3部
教育における育ちと学びを支える視点

　第3部では，教育における育ちと学びを支えるために必要なことを検討していく。

　まず，第11章「知能とは何かを考える」においては，知能の考え方を通して，子どもの学びの違いを理解し，子ども一人一人の個性を生かした主体的な学びとそれを支える教育を考える基盤とする。

　さらに，「主体的・対話的で深い学び」を考えていく視点として，第12章「主体的な学びを考える」，第13章「対話的な学びを考える」，第14章「多様な学びを支える視点」を配している。いずれもそもそも主体的に学ぶとはどういうことか，対話的な学びとはどういうことか，そして，多様な子どもがともに学ぶとはどういうことかを根本的に考え，保育者・教師の子どもとのかかわりを真剣に考えるきっかけとなることを期待している。

　最後に，このような「主体的・対話的で深い学び」を支える学習評価のあり方について，第15章「学びと育ちをみる視点」で検討する。

第11章 知能とは何かを考える

　子どものころからテストの点数を見ては一喜一憂した経験があるかもしれない。テストの点数は，努力と知的能力が数値化されたものとして受け取られ，競争社会においては，子どもから大人まで点数が高いほど「能力が高い・知能が高い・賢い」という評価を受ける。しかし，その評価は人としての賢さとは必ずしも一致しないことは周知のことである。本章では，知能や能力についての多様な考え方とその理論を紹介し，人としての賢さや人間の知能とは何かを考えたい。知能の考え方を通して子どもの学びの違いを理解し，子ども一人一人の個性を活かした教育実践に役立ててもらいたい。

キーワード
知能についての考え方　知能検査　知能の構造　知能の発達的変化　知能観

第1節　知能についての考え方

　人は毎日の生活のなかで，目の前に起こっていることや将来起こるかもしれない事柄について考え，自分や周りの人間にとって最適な状況を作り出すために行動する。これは，他の動物とは異なり，ヒトという種が「より良く生きるための脳」を進化の過程で獲得し発達させた結果であろう（永江, 2008）。狩りをするためにより精巧な石器を考え出したホモ・サピエンスは，現代では宇宙へとその活動範囲を広げている。これらを可能にしているのがヒト特有の「知能（intelligence）」である。

知能とは何か

知能と能力

　知能の定義は，厳密にいうと時代や社会背景，また研究者によって異なる。その時代や社会において求められ価値がある能力（ability）が何かによって，知能は定義され，それを測る検査尺度が開発されてきた。知能研究が始まった20世紀初頭にはまだ発達障害の概念がなく，発達に遅れがみられる子どもを見つけるために「異常児の知的水準を診断する方法」として知能検査が開発された（中村，2003）。20世紀末からは，多様な考え方に基づくいくつもの知能理論が提唱され，日本においてもとくに人と人との関係性のなかでうまく適応していく能力も強調されるようになった（豊田，2014，野崎・子安，2015）。

知能と学力

　教育現場では，各教科において知識や定着度を測るテストが頻繁におこなわれ，「学力が高い＝知能が高い」と受け取られることが多い。確かに，1970年代からIQと国語・算数・理科・社会・英語のような主な教科との間には高い正の相関関係がみられるが，図工・美術・音楽・技術家庭・体育のような技能的な教科との相関は低いようである（杉村・吉田，1986）。また近年の小学生の知能と学力の関係を調べた研究でも，各学年において国語や算数などの主な教科においては正の相関関係がみられている（都築ら，2012）。

　しかし，時代や社会の変化とともに知能に対する考え方が変わっており，現代社会では社会的な能力や感情をコントロールしうまく利用できる能力が必要とされている。次に，このような時代とともに変化していった多様な知能の考え方を紹介する。

第2節　多様な知能の理論

　人間の知能や能力はそもそも漠然とした概念で，知能についての研究や定義は，その時代における社会の価値観やニーズ，また利用可能な科学技術の

水準によって影響を受けてきた。知能がどういうものであるかということについての議論や考え方を反映した知能理論についてその移り変わりをみていこう。

（1）初期の知能の因子モデルと知能の構造モデル

　心理学における初期の知能の理論として，因子モデルと構造モデルがある。サーストン（Thurstone, L.）は人間の知能を複数の因子として捉え，一方ギルフォード（Guilford, J.P.）はその構造を3次元で表した。

知能の多因子モデル（サーストン）

　統計学の進歩とともに知能についても統計学的分析がなされるようになり，サーストンも因子分析という手法を用いて多くのテストをおこない，「多因子説」を提唱した（Thurstone, 1938）。知能には，比較的独立した7つの基本的因子として「言語理解」「語の流暢性」「空間」「記憶」「知覚の速さ」「数」

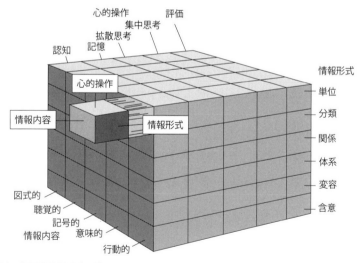

図 11-1　多因子説のイメージ

（Smith, 1998, p.335 を筆者が翻訳）

「推理」があるとしている。

知能の構造モデル（ギルフォード）

　ギルフォード（Guilford, 1959）は，知能に対して3次元「情報内容」「心的操作」「情報形式」の仮説を立て「知能構造モデル」を提唱した。それぞれの次元に5, 6個の因子を想定したため，全部で150個もの因子になった（**図11-1**）。

（2）生涯発達的変化の観点からの理論

　20世紀の後半になると，多様な視点からの知能理論が提示されるようになるが，ライフスパンを通じて発達の観点から年齢と知能の関係を明らかにしたのが，キャッテル（Cattell, R.）である。

流動性知能と結晶性知能理論（キャッテル）

　キャッテルは，年齢による影響をほとんど受けない「結晶性知能」と年齢とともに大きな変化がみられる「流動性知能」という概念を提唱した（Cattell, 1987）。結晶性知能とは，学習や経験によって獲得された知識やスキ

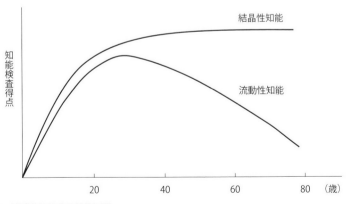

図11-2　流動性知能と結晶性知能

（鈴木，2008, p.10）

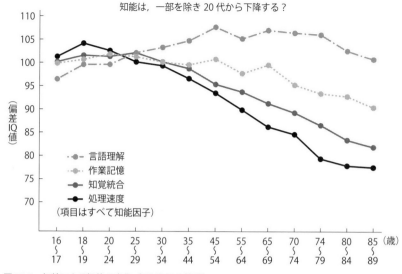

図 11-3 年齢による知能の変化（WAIS-III の結果）

（水谷編，2012, p.130 より抜粋）

ルが基盤となって結晶化したもので，それらを用いて日々の問題に対処していく能力である。語彙力や一般知識など文化や教育の影響を受けやすいが，高齢まで維持されると考えられている。

　流動性知能は，新しい状況において情報操作や推論などを用いて適応していく能力である。スマートフォンを使いこなすなど，新しい環境へ適応する能力は，高齢者より若者が得意である。これは成熟や発達と関係しており，20 歳くらいがピークで，その後下降すると考えられている（**図11-2**）。また，知能検査の結果からも，処理速度や知覚統合にかかわる流動性知能は 20 代から減少し始めるが，結晶性知能にかかわる言語理解は 80 代になっても維持し続けていることがわかる（**図11-3**）。

（3）情報処理理論の観点を含めた理論

　知能をコンピュータの情報処理過程と同様に思考プロセスとして捉える考

え方が1980年代から注目を集めていた。その1つがスターンバーグ（Sternberg, R.）による3つの知能の側面を紹介した理論である（Sternberg, 1985）。

知能の鼎立理論（スターンバーグ）

スターンバーグによると，知能には「コンポーネント的側面」「経験的側面」「文脈的側面」の3側面があり，それら3側面の得意不得意のバランスが人によって異なるため，知能の個人差として現れると考えた。第1の「コンポーネント的側面」は，さらに3つの高次精神過程「メタ要素（メタ認知による他のコンポーネントの統括）」・「知識獲得要素（新しい知識を獲得するための能動的処理機能）」「実行要素（問題解決のために最後まで遂行する機能）」で構成されており，結晶性・流動性知能と同等と考えられている。第2の側面「経験的側面」は，自己のコンポーネント的側面の3つの要素と相互作用し，過去の経験を基に問題解決にあたる。また，充分な経験に裏づけられた知識を用いて創造的能力を発揮して問題解決できる知能の側面を表している。第3の側面である「文脈的側面」とは，社会環境とのかかわりの側面である。コンポーネント的側面を用いて自分の経験を活かし，現状の問題を解決するために社会的文脈に適応しつつ，自分に有利で効果的な社会環境へと変えることができる社会とのかかわりが重要視される知能側面である。

人は皆，知能の3側面を十分に活用して日々の生活を送っているが，人によってどの側面が他の2つの側面より，よりすぐれている（得意）かは異なる。成績優秀な優等生はコンポーネント的側面がとくにすぐれているかもしれない。一方，興味があることに集中しその経験を活かして創造性を発揮する人は経験的側面の知能がすぐれていると思われる。また，アルバイトで問題が起きたときなどにてきぱきと対処でき重宝がられるのは，文脈的側面がすぐれている人であろう。

（4）脳の機能分化の観点からの知能理論

脳科学研究の促進は，人間の知能理解に多大な影響を与えた。特にMRIによる脳機能の検証が可能になると，脳の部位によって異なる機能（＝知能）

表 11-1　MI：多重知能理論

知能タイプ	どのような脳力か	適した職業
言語的知能	話し言葉・書き言葉への感受性，言語を学ぶ能力，目標を成就するために言語を用いる能力	作家や弁護士など
論理数学的知能	問題を論理的に分析したり，数学的な操作を実行したり，問題を科学的に究明する能力	数学者・科学者など
音楽的知能	音楽的パターンの演奏や作曲，鑑賞のスキル。	作曲家・演奏家など
身体運動的知能	問題を解決したり何かを作り出すために，身体全体や身体部位（手や口など）を使う能力	ダンサー・俳優・スポーツ選手
空間的知能	広い空間のパターンを認識して操作する能力や，また，もっと限定された範囲のパターンについての能力	パイロット・画家・建築家
対人的知能	他人の意図や動機付け，欲求を理解して，その結果，他人とうまくやっていく能力	営業担当者・教師・政治家
内省的知能	自分自身を理解する能力。自分自身の欲望や恐怖，能力も含めて自分の生活を統制するために効果的に用いる能力	宗教指導者・精神分析家
博物的知能	種々のものをパターン認識したり区別したりする能力	生物学者・環境や保護活動家

（ガードナー，2001, pp.58-68 から筆者作成）

があることがわかってきた。それらの知見を基にガードナー（Gardner, H.）は8つの知能からなる理論を提唱した（Garder, 1985）。

多重知能理論（ガードナー）

　事故や病気などで脳損傷を受けた患者の脳機能を調べた知見を基に提唱されたガードナー（1985）の多重知能理論によると，機能的に大きく8つの知能に分かれていると考えられている（**表11-1**）。

　学校教育とのかかわりを考えると，①言語性知能は国語の授業と関係が深く，作文が得意な児童はこの知能がすぐれていると考えられる。②論理数学的知能は，算数・数学，理科など科学的な分野にとくに必要とされる知能で

ありこれらの教科が得意な児童もいるだろう。③音楽的知能は，学校では音楽の時間に発揮されるが，幼少期からピアノなどの楽器を習っている児童もおり家庭環境においてその能力を育んでいる場合もある。④身体運動的知能は，体育の授業でその能力が見分けられることが多い。⑤空間的知能は，図工や美術の時間に何かを空間的に創造することにかかわる能力とも考えられる。⑥対人的知能は，社会性や人とのかかわりにかんする知能であるため，友達の気持ちに敏感でクラスをまとめたりできる児童はこの知能がすぐれていると思われる。⑦内省的知能は自己理解の知能であるため，この知能に優れている児童は，自分の長所・短所を良くわかっており，クラスのなかで自分の長所を活かした役割ができる児童であろう。⑧博物的知能は，社会科や理科など分類がかかわる教科が得意な児童は，この知能にすぐれていると思われる。

　これらの知能はオーケストラのように協働するが，子どもによって得意不得意がある。教師は，この多重知能の考え方を基に，多様な視点から子どもをみることを心がけ，それぞれの知能と個性を伸ばす教育を目指してもらいたい。

（5）社会的かかわりと感情制御からの知能理論

　近年，教育現場における学力重視の反動やいじめなどの教育問題への対応から，子どもの社会性や感情制御の重要性を強調するようになってきた。

情動知能（サロベイとメイヤー）

　ジャーナリストであるゴールマン（Goleman, D）が書いた IQ とは異なる EQ（情動知能）の本（Goleman, 1995）が話題になったが，この本の考え方の基となった研究は，心理学者サロベイ（Salovey, P.）とメイヤー（Mayer, J.D.）が提唱した情動に関する知能の論文であった（Salovey & Mayer, 1990）。

　情動知能を表す言葉として EI（emotional intelligence）や EQ（emotional intelligence quotient）などがある。メイヤーらによると，情動知能には4つの下位能力があると考えている（Mayer, et al., 2000）。第1の能力は，生理的な体の

反応（心臓がどきどきするなど）としての感情（緊張してる）を知覚することや，他者の言動から相手の感情を読み取ること，また自己の感情を正しく表現できるなどの能力として「感情の知覚と表出」がある。第2は，「思考における感情による促進作用」にかんする能力で，感情によって課題に注意を引き付けたり，記憶を助けたりすることに役立てることができる能力である。第3は「感情理解」にかかわる能力で，複雑な感情やその感情を引き起こす状況とその意味が理解できること，また感情が変化することの理解にかかわる能力である。第4は「感情調整」で，自己や他者の感情を調整・管理できる能力である。ポジティブ感情は長く保ち，不快なネガティブ感情は和らげる努力ができることなど，感情が喚起されたときに反射的に自己の感情をモニターしてその利用価値を知っている能力である。

教師の情動知能

　情動知能が上記のように自分や他人の感情を知覚し，制御し，評価できる能力であるならば，人とかかわる仕事，とくに人を育てる教師にとっては重要な能力といえるだろう。情動知能が高い教師とそうではない教師とではどのような違いがあるだろうか。

　教育現場では，子どもとともに喜んだり叱ったりするなど，情動を喚起させる状況が頻繁に起こる。そのようなときに，教師は自己の情動を知覚・評価し，冷静にコントロールして子どもに対して適切な行動をとらなければならない。また，子どもの表情から，子どもの感情や心理状態を推測し，いじめや虐待などシリアスな兆候をつかむことも必要となる。教師の情動知能の高さが，これら教育現場の問題解決に深く寄与する可能性があり，教師には，ある一定レベル以上の情動知能の高さが求められる（芦田，2018）。

非認知能力

　近年，保育や教育現場でよく使われる用語のなかに「非認知能力」がある。情動知能は，この非認知能力とどのような関係があるのだろうか。非認知能力という言葉は，学力や成績を表す「認知能力」に対比させた考え方で，試験などで測定が可能な学力やIQに対して，試験では測定することができな

い自己や他者の感情理解や共感性また対人関係を円滑に営めるなどの社会性にかかわる「社会情緒的能力」といわれてきたものである（遠藤，2017）。しかし，心理学や認知科学の分野では，認知能力とは狭義と広義の2つの意味がある。狭義の意味では「認知能力」は学力や論理的思考力を指すことが多く，この意味で非認知能力という言葉が広まっていった。しかし，広義の意味では感情の抑制や自己理解・他者理解にかかわる能力はすべて認知能力の一部として捉えられており，「非認知能力」は認知能力ではないという印象を与えるため，正確ではないと思われる。非認知能力は学力やIQとは異なるが，自己のモニター，評価，抑制機能などの認知能力を必要とする「社会情緒的能力」と捉えることがより正確であると考える。

第3節　知能検査と知能指数

　知能の考え方は多様であるが，このような知能を正確に測定するのはかなり困難である。知能研究の初期において測定可能な知能検査と知能の指標として出されたのが知能指数（IQ）である。現在も様々な形式の知能検査があるが，その基となる知能検査について述べる。

（1）知能検査で測定される知能

知能検査

　1905年のビネー（Binet, A.）とシモン（Simon, T.）によって，知的発達に遅れがみられる子どもを抽出するために知能検査は開発された。1916年には，スタンフォード大学教授によって知能指数（IQ: Intelligence quotient）の概念を取り入れた「スタンフォード―ビネー式知能検査」として改訂された（Smith, 1998）。その後，ウェクスラー（Wechsler, D.）によってWISC（児童向け）やWAIS（成人向け），またWPPSI（幼児向け）の知能検査が20世紀半ばに発表された。日本においては，田中寛一によって「田中ビネー式知能検査」が作成され，現在では「田中ビネー式知能検査V」，WISC-III，WISC-IVなどが使用されている。

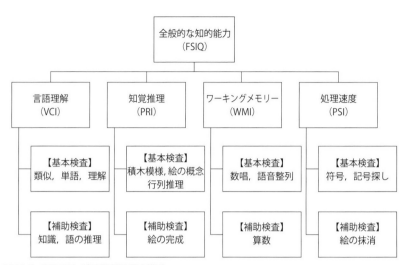

図 11-4　WISC-IV　検査指標の基本構成

（松田，2013, p.239）

知能検査の構成

　知能検査はその目的や対象年齢によって構成内容が異なるが，ここでは，幼児（5歳）から思春期（16歳）までを対象とし，世界中で使用されているWISC-IVを例に，その構成内容を**図11-4**で紹介する。WISC-IVは4つの領域「言語理解指標（VCI）」「知覚推理指標（PRI）」「ワーキングメモリー指標（WMI）」「処理速度指標（PSI）」に分かれており，それぞれ子どもの強い領域や弱い領域が検討できるようになっている。同時にFSIQ（Full scale IQ）という指標で全体的な発達水準を示すことができる（松田，2013）。

　近年では，定型発達児のなかでも何らかの弱みを持っているグレーゾーンと考えられる児童が多い傾向がある。知能検査は，多様な子どもの強みと弱みを知り，それぞれの個性に合わせた指導に導くために活用されている。

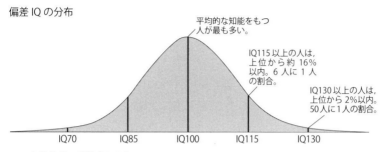

$$比率\,IQ = \frac{精神年齢}{該当年齢} \times 100 \qquad 偏差\,IQ = \frac{個人の得点-該当年齢の平均得点}{該当年齢の標準偏差} \times 15 + 100$$

偏差 IQ の分布

平均的な知能をもつ
人が最も多い。

IQ115 以上の人は,
上位から約 16%
以内。6 人に 1 人
の割合。

IQ130 以上の人は,
上位から 2%以内。
50 人に1人の割合。

IQ70　　IQ85　　IQ100　　IQ115　　IQ130

図 11-5　知能指数の計算式と分布図

（水谷編，2012, p.127 より抜粋）

（2）知能指数の考え方

比率 IQ と偏差 IQ

　知能検査の結果は，知能指数（IQ）として数値化され，保育や教育現場で広く用いられるようになった。知能検査は，長い間ビネーが提唱した「精神年齢」を用いて，「比率 IQ」が算出されていた。精神年齢とは何歳の子どもが解ける問題を解けたかで決まるもので，実年齢 5 歳の子どもが 7 歳の子どもが解ける問題のほとんどに正解すれば，精神年齢は 7 歳ということになる。それを基にしたのが上記**図 11-5** の比率 IQ の計算式である。しかし，年齢を増すと分母が大きくなり IQ が低く算出されるという欠点があった。近年では，年齢ごとの平均値と標準偏差を基準とした「偏差 IQ」の計算式で算出されている。偏差 IQ とは，該当年齢集団の平均値と標準偏差を計算し，それを用いて偏差値を求めるときのように線形変換して平均値を 100，標準偏差を 15 としたときの値を算出して IQ としている。そのときに基準となる偏差 IQ の分布が上の分布図である。現在，IQ と呼ばれるものは，この偏差 IQ を指している。

第4節　知能と教育

　これまで多様な知能について紹介してきたように，知能に対する考え方にはいろいろな視点がある。ここでは，知能と教育，とくに子どもの学習とのかかわりについて考えてみよう。

知能の自己理論

　知能がどのようなものであるかという個人の考え方を，「知能の自己理論」あるいは「知能観」という（Dweck, 1986）。私たちは，誰もが知能や能力に対する自己理論（素朴理論）を持っていると考えられる。努力して学ぶことで知能は増大し拡張すると考える者は「拡張的知能観」を持っており，知能は生まれつき決まっていて，ほとんど変わることはないと考える者は，「固定的知能観」を持っているという（Dweck & Leggett, 1988）。

動機づけとの関連

　ドュウェックら（1988）は，どちらの知能観を持っているかによって，児童は何のために学ぶかという達成目標が異なり，それが学習行動に大きな影響を与えると示唆している。拡張的知能観を持っている児童は，より賢くなるために学ぶ（学習目標）のであるから，失敗しても努力が足りなかったと考え，よりよく学習する方法を見出すであろう。一方，固定的知能観を持っている児童が失敗した場合，能力が高いことを示す（遂行目標）ことができなかったことから能力が原因と考える傾向があり，その後の学習動機づけに影響すると思われる（Dweck & Leggett, 1988, Dweck, 1999, 岩木ら，2015, 渡辺，2017）。

　このように，個人の知能と知能観は，動機付けを通して教育において重要なかかわりがある。教師は，潜在的な子どもたちの知能観を把握して，よりポジティブな学習行動を引き出すような指導が求められている。

■引用文献
芦田祐佳「教師の情動知能に関する研究動向と展望」『東京大学大学院教育学研究科

紀要』58，475-484，2018 年

Cattell, B.R., *Intelligence: Its structure, growth, and action.* New York: Elsvier, 1987

Dweck, C.S., Motivation process affecting learning. *American Psychologist*, 41, 1040-1048, 1986

Dweck, C.S. & Leggett, E.L., A social-cognitive approach to motivation and personality. *Psychological Review*, 95, 256-273, 1988.

Dweck, C.S., *Self-theories: Their role in motivation, personality, and development*, Tayler & Francis, 1999

遠藤利彦『非認知的（社会情緒的）能力の発達と科学的検討手法についての研究に関する報告書』国立教育政策研究所，2017 年

Gardner, H., *The theory of multiple intelligence*, New York: Basic Books, 1985（ガードナー，H.『多元的知能の世界—— MI 理論の活用と可能性』黒上晴夫監訳，日本文教出版，2003 年）

Guilford, J.P., *Personality*, New, York: McGraw Hill, 1959.

岩木信喜・梅津亜耶子・前泊麻理菜「知能の自己理論尺度の作成」『教育実践学研究』16（2），47-57, 2015 年

松田修「日本版 WISC-IV の理解と活用」『教育心理学年報』52, 238-243, 2013 年

Mayer, D., Salovey, P.,& Caruso,D J., Models of emotional intelligence. *In handbook of intelligence.* Cambridge University Press, 396-420, 2000.

水谷仁編「知能についてのウソ・ホント」『ニュートン別冊　知能と心の科学』ニュートンプレス，2012 年

永江誠司『教育と脳——多重知能を活かす教育心理学』北大路書房，2008 年

中村淳子・大川一郎「田中ビネー知能検査開発の歴史」『立命館人間科学研究』6, 93-111, 2003 年

野崎優樹・子安増生「情動コンピテンスプロフィール日本語短縮版の作成」『心理学研究』86（2），160-169，2015 年

Salovey, P. & Mayer, J.P., Emotional Intelligence. *Cognition and Personality*, 9, 185-211, 1990.

Smith, B.D., *Psychology Science and understanding*, McGraw Hill, 335, 1998.

杉村健・吉田毅「知能の因子と学業成績の関係」『奈良教育大学教育研究所紀要』22, 33-42, 1986 年

鈴木忠『生涯発達のダイナミクス——知の多様性　生きかたの可塑性』東京大学出版会，2008 年

Sternberg, R., *Beyond IQ: Triachic theory of human intelligence*, New York: Cambridge University Press, 1985.

Thurstone, L.L., *Primary mental abilities*, University of Chicago Press, 1938.

都築忠義・相良順子・宮本友弘・家近早苗・松山武士・佐藤幸雄「児童期における知能と学力の変動パターンの検討」『聖徳大学研究紀要』23, 31-37, 2012 年

豊田弘司「愛着スタイル，情動知能及び自尊感情の関係」『奈良教育大学教育実践開発研究センター研究紀要』23，1-6，2014 年

渡辺研次「大学生の発達に関する探索」『大阪経大論集』68（1），77-102，2017 年

■課題

1. 多重知能の考え方から，自分の知能特性や周りの友人の知能特性を考えてみよう。

2. 子どもや高齢者の得意・不得意を考え，大学生とどのような点で異なるか，あるいは同じかを流動性知能と結晶性知能から考えてみよう。

3. 情動知能が高いと思われる人とそうでない人を思い浮かべ，怒りや喜びなどの感情が喚起される場面において，どのような行動の違いがあるか，またその行動の違いが周りに与える影響を考えてみよう。

■参考図書

ガードナー，ハワード『多元的知能の世界―― MI 理論の活用と可能性』黒上晴夫監訳，日本文教出版，2003 年

ゴールマン，ダニエル『EQ 心の知能指数』土屋京子訳，講談社 α 文庫，2012 年

内山伊知郎監修『感情心理学ハンドブック』北大路書房，2019 年

第12章 | 主体的な学びを考える

　本章の目的は，主体的に学ぶとはどういうことなのかについて考えていくことにある。最初に，①人が主体的であるということについて心理学における動機づけの理論を道標に考えていく。続いて，②学び手が主体的になるためには，学ぼうとしていることに対して学びがいが感じられている必要があるという観点からアフォーダンス理論という考え方を学ぶ。最後に，③子どもたちの主体的な学びを支えるための具体的な手立てについて ICAP フレームワークという考え方を学んでいく。これらを学んでいくことを通して，主体的な学びについて多角的な視点から考えられるようになることが本章の目指すところである。

キーワード
主体的な学び　動機づけ　アフォーダンス　ICAP フレームワーク

第1節　主体的であるとは，どういうことか

　幼いころのことを思い出してみていただきたい。小学生のころ，漢字ドリルや算数ドリルの宿題をやっていくと先生からシールがもらえた。習いごとで，ひとつ課題をやり遂げるごとに先生からシールがもらえた。学校や塾のテストで良い成績をおさめると両親が欲しいものを買ってくれた。家のお手伝いをするとお小遣いがもらえた。幼いころのこのような経験を懐かしく思い出すことのできる読者は多いのではないだろうか。シールやご褒美やお小遣いがあったからこそ嫌なこと，苦手なことでも頑張ることができた。このような経験が少なからず自分の成長を支えてくれた。そのように振り返る読

者がいるのではないだろうか。

　あるいはこのような思い出とは別に，学校の宿題をやっていかないと休み時間にさせられたため，それが嫌で取り組んでいた。習いごとで練習をしていかないと先生に叱られるため，しぶしぶ練習をしていた。家の手伝いをしないと怒られたため手伝いをしていた。あまり懐かしい思い出とはいえないが，あのときの経験が少しは今の自分の糧になっていると思うこともある。このように振り返る読者もいるだろうか。

　だが，ここで立ち止まって考えてみていただきたい。シールやご褒美やお小遣いがもらえなければ，あなたはそれらの課題に取り組むことができなかったのであろうか。休み時間のペナルティや，先生に叱られることがなければ，あなたはそれらの課題に取り組まなかったのであろうか。あなたの目標はシールやご褒美やお小遣いをもらうことにあって，課題自体の内容や意味を理解することではなかったのであろうか。あなたの目標は，休み時間に遊ぶことや先生に叱られないことであって，課題自体の内容や意味を理解することではなかったのであろうか。

　本章のテーマに沿って言い直すならば，ここに挙げた例のようにご褒美があるから頑張れた，ペナルティを課されないために取り組んでいた，叱られないようにやっていた，といった経験は「主体的」という言葉で語ることができるだろうか。どうもそうではなさそうだと感じられるならば，そもそも「主体的である」ということはどういうことなのであろうか。

第2節　なぜ，それに取り組むのか

（1）外発的動機づけと内発的動機づけ

　勉強でも習いごとでも手伝いでも，何らかの活動に取り組むとき，私たちはその活動それ自体に導かれて取り組んでいる場合と，その活動の外側にあることに導かれて取り組んでいる場合とがある。言葉を換えて言えば，その活動に取り組んでいること自体が，自身の取り組みの目的になっている場合と，その活動に取り組んだことの結果として得られるものが，自身の取り組

みの目的になっている場合とがある。心理学では前者を「内発的動機づけ」，後者を「外発的動機づけ」と呼んで区別してきた。

　冒頭の例に立ち戻ってみるなら，シールやご褒美をもらうためや，先生に叱られないために宿題や練習に取り組んでいるという場合には，自身の取り組みの目的が活動の外側に位置づいているため，外発的に動機づけられた状態として説明することができる。これに対し，宿題や練習や手伝いをすることそれ自体に惹かれてそれらに取り組んでいるという場合には，自身の取り組みの目的が活動の内側に位置づいているため，内発的に動機づけられた状態として説明することができる。ようするに，私たちが何らかの活動に取り組む理由が活動の「外側」に端を発している場合を外発的動機づけと呼び，私たちが何らかの活動に取り組む理由が活動の「内側」に端を発している場合を内発的動機づけと呼ぶのである。

　さて，外発的動機づけと内発的動機づけという考え方を主体性という言葉と重ねて見直してみるとどうだろうか。内発的動機づけの方が主体性という言葉に適っているように思われるのではないだろうか。一般的にもそのように考えられている。ようするに，外発的に動機づけられている場合よりも，内発的に動機づけられている場合の方が，学び手は主体的にその活動に取り組めており，学びの質も高いとされる。そうなると「主体的な学び」という主題は，どうしたら学び手を内発的動機づけの状態に導けるか，という問題として読み替えることができるだろう。

　学び手がご褒美をもらうためや叱られないために課題に取り組んでいるとき，つまり，外発的に動機づけられた状態にあるとき，学び手にとって課題の習熟や理解は二の次になっている。当然，このような場合にあっては，課題それ自体の深い理解には及ばないだろう。なぜならば，学び手にとっての第一の目的はご褒美をもらうことや叱られないことであり，課題を深く理解することではないからである。

　私たちは，子どもが取り組んでいることに対して何かご褒美を与えたら今よりもっと頑張るようになるのではないか，と考えることがある。任せておいてもそれなりに取り組んでいるのだから，何かご褒美を与えたらもっとやるようになるのではないか，と思ってしまう。こうした考えから，シールや

子どもが欲しがっているものやお小遣いを彼らの取り組みに対して与えることがある。はじめのうちは私たちの期待どおりにことが進むかもしれない。子どもの成績が伸びたり，習い事で成果をあげたり，目に見える変化があるかもしれない。私たちは子どもがやり遂げたことに対して約束どおりのご褒美を与える。だが，これを続けているうちに，いつしか子どもの課題自体への取り組みが以前より雑になっていることや，何かご褒美を与えないとやる気を出さなくなっていることに気づかされる。このときになって急に子どもに厳しくあたってみても，あるいは，ご褒美の内容をもっといいものにしてみても後の祭りである。

　任せておいてもそれなりに取り組んでいたとき，期待したほどではなかったとしても，子どもは本人なりの仕方で課題に取り組んでいたのである。ある意味では，子どもは本人なりに内発的に動機づけられてその課題に取り組んでいたのである。だが，シールや欲しいものやお小遣いが与えられるようになってからは，そのことばかりが気になるようになり，課題に集中して取り組めなかったり，ご褒美がないとやる気が出なくなってしまったりした，と考えることができる（Deci & Flaste, 1995; 桜井訳，1999）。これは，課題の取り組みに対して外発的動機づけが持ち込まれたことによって，内発的動機づけが削がれてしまったものと考えることができる。このような現象のことを心理学ではアンダーマイニング現象（undermining phenomenon）と呼ぶ。

（2）自己原因性と内発的動機づけ

　では，子どもの内発的動機づけを高め，維持するためにはどうしたらよいのだろうか。内発的動機づけの研究者であるリチャード・ド・シャーム（De Charms, R.）は，学び手の内発的動機づけの鍵となるのは「自己原因性（personal causation）」（De Charms, 1968）の感覚であると主張した。彼はチェスの比喩を使ってこれを説明している。人は自身が外からの力によって操られる「チェスのコマ（pawn）」のような感覚を抱きながら物事に取り組んでいるとき，その物事に自らの意思や責任のもとに取り組めてはいない。これに対し，人は自身のすることが何らかの対象世界を動かしている，ド・シャームの言

葉を借りれば「コマの指し手」になっているような感覚を抱きながら物事に取り組んでいるとき，その物事に自らの意思や責任のもとに取り組めている。ド・シャームは人が内発的に動機づけられている状態というのは，「チェスのコマ」のような感覚を抱いている状態ではなく，「チェスの指し手」のような感覚を抱いている状態であると主張した。ようするに，自分自身のすることが何らかの対象世界を動かす原因（origin）になっているという感覚を抱きながら物事に取り組んでいる状態こそ，内発的に動機づけられている状態であると主張した（De Charms, 1968）。

このド・シャームの自己原因性の考え方をヒントに内発的動機づけの研究者であるエドワード・L・デシ（Deci, E. L.）は，人の内発的動機づけを支えるのは，自らが取り組む課題に対して「有能感」を抱けていることと，「自己決定の機会」が与えられていることであると主張している（Deci & Flaste, 1995; 桜井訳，1999）。「有能感」というのは「自分にもできそうだ」「自分でもやれそうだ」という感覚のことである。取り組もうとする課題がやさしすぎても，難しすぎても有能感には結びつきにくい。「やっても無駄だ」という感覚を抱いている課題に熱心に取り組もうという気は起こってこないだろう。むしろ，「頑張ればできそうだ」という感覚を得ている課題に取り組み，それをやり遂げることでますます面白くなってくる，というのが私たちに馴染みの経験ではないだろうか。これがデシのいう「有能感」の意味するところである。

他方，「自己決定の機会」というのは，自分で選び，自分で決めて取り組んでいるという経験のことである。デシはこれを「自律性」の感覚を抱くことができる機会とも呼んでいる。「やらされている」という感覚を抱いている課題について前向きに取り組もうという気持ちにはなりにくい。自分で選び，自分で決めて物事に取り組んでいるとき，取り組みの責任は自分自身にある。そして自分自身の責任のもとに物事に取り組んでいるとき，私たちはそれらに集中して取り組もうという気になる。これがデシのいう「自己決定の機会」の意味するところである。デシの考えにしたがうならば，子どもの内発的動機づけを高めるためには，子どもが取り組みのなかで有能感を抱けるような課題（簡単すぎも，難しすぎもしないちょうどよいレベルの課題）を準備

するとともに，子どもが自分で選び，自分で決めて取り組めるような機会，言葉を換えていえば「自律性」の感覚を抱くことができる機会を提供することが重要になってくる。

さて，ここまでの話題は動機づけの問題について，学び手自身が課題に取り組みはじめる「きっかけ」に焦点を当てたものであった。これに対し，動機づけを維持するためにはどうしたらよいのか，ということを考える必要があるだろう。ここでは佐伯胖の主張する「双原因性」感覚という考え方を紹介しておきたい。

佐伯（1995）はド・シャーム（1968）の「自己原因性」の主張に対し，自身が何らかの対象世界を動かしているという自己原因性の感覚だけで内発的動機づけを説明することには限界があると指摘する。彼は内発的動機づけが維持されるためには，自分自身の働きかけが対象世界に確かに変化を及ぼしたという実感とともに，対象世界の側が変化したことによって自分自身もまた変化したという実感が必要なはずであると主張する。佐伯（1995）はこのような感覚を，ド・シャームの「自己原因性」感覚を発展させて「双原因性」感覚と呼ぶ。この言葉は，自分自身が対象世界に変化を及ぼしているという感覚と，対象世界もまた自身に変化を及ぼしているという感覚との両方が内発的動機づけを支えているということを意味している。

難しい課題に取り組んでいるときに一筋縄ではいかないこともあるだろう。試行錯誤を重ね，あの手，この手で取り組んでいるとき，課題に働きかけているのはもちろんのことながら，自分の方も課題の側からアプローチを変えてみるように迫られていることに気づくことがある。課題への取り組みを通して自分自身もまた変化しているという実感が，内発的動機づけの持続を支えているというのが佐伯（1995）の「双原因性」感覚の考え方である。

第3節　アフォーダンス　世界に意味をみつける

以上，動機づけの理論について学んできたが，ここからは学び手が向かう対象世界のことについて考えていこう。動機づけ理論というのは言わば，学び手の心の持ちようにかかわるものであった。「自己原因性」や「有能感」

「自律性」「双原因性」といった言葉はすべてそのような「感覚」を抱いていることが私たちの「やる気」につながるというものの考え方であった。だが，そもそも自分が取り組もうとしていること自体に興味が持てなければ「やる気」を問題にすることも叶わないだろう。とはいえ，どんな物事も面白く見えてくる方法なるものがあるわけではない。それでは結局，すべては「心の持ちよう」ということになってしまう。

　そこで以下では，学び手が向かう対象世界とはどのようなものか，という視点から考えをめぐらせることにしたい。この試みの導きの糸となるのが「アフォーダンス（affordance）」という考え方である。アフォーダンスという言葉はアメリカの生態心理学者，J. J. ギブソン（Gibson, J. J.）の造語である。もとになっているのは英語の afford という動詞で，辞書を引くと「与える」「提供する」という意味があることがわかる。affordance は，動詞 afford を名詞に展開した言葉で，ギブソンによって「環境が動物に提供するもの」（Gibson, 1979; 古崎・古崎・辻・村瀬訳, 1985, p.137）という意味が与えられている。

　私たちの身の回りは多種多様なモノで溢れている。この本から顔を上げて部屋のなかを見回してみよう。自分の持っているものを頭のなかに思い浮かべるよりももっと手前のところで，見たり，聞いたり，嗅いだり，味わったり，触れたりすることができるもので溢れている。私たちが生きて活動している場は，何もない空っぽの「空間（space）」ではなく，多種多様なもので溢れた「環境（environment）」である（佐々木，2008）。環境のなかには，私たちが何かをしようとしたときに，それを可能にしたり，制限を加えたりするものが無数に潜んでいる。環境のなかに潜在していて，私たちが何かをしようとしたときに，それを可能にしたり，制限を加えたりするもの，それが「アフォーダンス」である。

　たとえば，街のなかを長時間歩いてくたびれたとき，通りがかりの公園に備えられた階段に腰かけて一休みしたとしよう。このとき，階段は私たちに「座ること」をアフォード（提供）している。一方，公園を抜けて目的地へ急ぐ人たちにとっては，階段は「のぼること」や「降りること」をアフォードしている。あるいは，ほどけた靴紐を結び直そうと階段に足をかけた人にとって階段は「ちょうどよい高さの台」をアフォードしている。階段に潜在

するアフォーダンスは1つではない。さて，一休みしているあいだ，頭上では公園の木々が新緑の葉を揺らしていたとしよう。このとき，公園の木々の葉は私に差し込む太陽光を「遮ること」をアフォードしている。しかし，季節が変わり，葉をすべて落とした木々は太陽光を「遮ること」をアフォードしない。公園の広場でかくれんぼをしている子どもたちがいる。その子どもたちに公園の木々や植え込み，ベンチ，固定遊具は「身を隠すこと」をアフォードしている。公園の水飲み場の蛇口から流れ出る水は，転んで怪我をしてしまった子どもの傷口を「洗うこと」をアフォードし，遊び疲れた子どものどを「うるおすこと」をアフォードしている。環境のアフォーダンスを利用しているのは人間だけではない。植え込みに咲いた花や，木々の実はそこに生きる昆虫や動物が「食すること」をアフォードし，樹木に作られた巣はその作り手が外敵から「身を守る」ことをアフォードしている。ようするに，環境に潜在するアフォーダンスは，私たちや動物たちの活動の資源になっている。

　以上の例に明らかなように，私たちの身の回りには，私たちが何かをしようとしたときに利用することのできる無数のアフォーダンスが潜んでいる。ただし，「潜む」という言葉に表現されるように，環境に潜在するアフォーダンスを利用できるかどうかは，私たちが自分のやろうとしていることに役立つアフォーダンスを環境のなかに見つけられるかどうかにかかっている。もちろん，私たちの身の回りには特定の振る舞いがしやすいようにデザインされたものも数多くある。ある振る舞いをしやすくするためにデザインされたもののアフォーダンスは見つけやすい。たとえば公園に置かれたベンチの多くは「座ること」をアフォードすべくデザインされている。しかし，実際には，そこを通りがかる人たちの様々な行為を助けるアフォーダンスを潜ませている。たとえば，「隠れること」「横になること」「荷物を置くこと」「トレーニングすること」といったように。当然，ある人が発見し利用したアフォーダンスを別の人は見つけられず利用しないということも起こり得る。あるいは，アフォーダンスの利用の仕方によっては発達的な成長や技術的な習熟が必要になるという場合もある。このように考えるとアフォーダンスは，環境と私たち，環境と動物とが出会う時期や出会い方によっても変わってく

るということがわかる。

環境は自然の力や人の手が加わらない限りはこれまでもそこにあり，これからもそこにある。生き物にとっての環境がどの生き物にとっても「同じようにそこにある」というギブソンの考え方は「生態学的実在論（ecological realism）」とも呼ばれる。私たちはその環境のなかに，自らが生きて活動していくために利用することのできる「意味」や「価値」を探しながら生きている。裏返していえば，環境に潜在する無数のアフォーダンスは，私たちに発見されることを待っているということもできるだろう（佐々木，2015）。

第4節　教師の役割

（1）深い学びとは何か

さて，本章の最後の節では改めて主体的な学びというテーマに立ち戻り，子どもたちの主体的な学びを支える教師の役割について考えてみたい。主体的な学びというテーマを考えるにあたって，ここではまずチーとワイリー（Chi, M. & Wylie, R., 2014）によって提唱された ICAP フレームワークという考え方を紹介しておきたい。ICAP フレームワークは，学習者の「学習材（learning materials）」への関与の仕方と，学習者の学びの深さとの関係を4つの枠組みによって整理したものである。ここで4つというのは「インタラクティヴモード（Interactive mode）」，「コンストラクティヴモード（Constructive mode）」，「アクティヴモード（Active mode）」，「パッシヴモード（Passive mode）」の4つで，それぞれ学習者の学習材への関与の仕方を表している（Chi, M. & Wylie, R., 2014）。ICAP フレームワークという名称は，それぞれのモードの頭文字をとってつけられたものである。

学習者の学びの深さは，学習者の学習材への関与の仕方がパッシヴ，つまり受動的であるほど浅く，インタラクティヴ，つまり対話的であるほど深くなるとされる。ただし，ICAP フレームワークの4つのモードは，学習者の学習材への関与の仕方として相互につながりを持ったものとして理解する必要がある。したがって，4つのモードのうちの1つだけを取り出して議論す

べきものではない。こうした趣旨のもとに Chi, M. & Wylie, R.（2014）は，ICAP フレームワークの４つのモードと学習者の学びの深さとの関係を I ＞ C ＞ A ＞ P と表記している。これは学習者の学習材への関与の仕方がパッシヴ（受動的）なものから，インタラクティヴ（対話的）なものへと連続的に移行していくにつれて，学習者の学びが深まっていくことを仮説的に表している。以下では，ICAP フレームワークの４つのモードについてより詳しくみていこう。

パッシヴモード（受動的な関与）

　学習者の学習材への関与の仕方において受動性が際立っており，学習者が受け身で学習に取り組んでいる状態を指している。このモードでは，たとえば学習者は授業や教科書や学習動画といった学習材に向かっているものの，授業を「聞く」，教科書を「読む」，学習動画を「視聴する」といったこと以外の取り組みはともなわれておらず，授業を「ただ聞いている」，教科書を「ただ読んでいる」，学習動画を「ただ視聴している」という状態にある（Chi & Wylie, 2014）。ICAP フレームワークの４つのモードのなかでは，もっとも学びの浅い状態に位置づけられる。

アクティヴモード（能動的な関与）

　学習者の学習材への関与の仕方において能動的な働きかけがともなわれている状態を指している。たとえば，①授業を聞きながらノートをとる，②教科書を読みながら線を引いたり，要点を書き抜いたりする，③学習動画を一時停止したり，巻き戻したりしながら見る，といった取り組みがこれにあたる。ようするにこのモードでは，学習者が学習材に対して，何かしらの働きかけや工夫を施しながら学びに向かっている（Chi & Wylie, 2014）。ICAP フレームワークの４つのモードのなかでは，パッシヴモードの学びよりは深い学びが見込まれている。

コンストラクティヴモード（構成的な関与）

　手元の学習材を活用しながら自分なりの考えやアイデアをつくりだしてい

く取り組みをともなう状態を指している。たとえば，①学習内容を自分なり
に整理したコンセプトマップを描く，②自分なりの視点から質問を投げかけ
る，③自分の言葉で説明しなおす，④以前に学んだことや，別で学んだこと
との比較や対比を試みる，⑤学習計画や実験の仮説を立てる，といった取り
組みがこれにあたる。このモードでは，手元の学習材の内容を学ぶだけでは
なく，それらを活用しながら自分なりの考えやアイデアをつくりだしている
という点において，学習者の学習材への関与の仕方において創造的な取り組
みが加わっている（Chi & Wylie, 2014）。ICAP フレームワークの 4 つのモード
のなかでは，この状態に至ってようやく深い学びが見込まれる。

インタラクティヴモード（対話的な関与）

学習材に対する自分なりの考えやアイデアを他者と共有し，語り合う取り
組みがともなわれている状態を指している。たとえば，①あるテーマについ
て，お互いの見解を明確にしたうえで議論する，②学習した内容についてお

表 1　学び手の学習材への関与の 4 つのモード

	PASSIVE *Receiving*	ACTIVE *Manipulating*	CONSTRUCTIVE *Generating*	INTERACTIVE *Dialoguing*
講義を 聴く	ただ聴いている。聴く以外のことはしていない。	内容を再現したり，解決の手立てを書き出したり，ノートをとったりする。	声に出して復習したり，概念図を作ったり，質問したりする。	2 人組や少人数グループで各々の立場を明確にした上で議論する。
テキストを 読む	ただ黙読／音読をしている。読む以外のことはしていない。	下線を引いたり，文を目立たせたり，要約を作ったりする。	自分の言葉で説明したり，ノートにまとめ直したり，複数のテキストの情報をまとめたりする。	仲間と一緒にお互いの理解について質疑応答を交わす。
動画を 視聴する	ただ動画を視聴している。視聴する以外のことはしていない。	動画を止めて見たり，先に進めて見たり，巻き戻して見たりする。	動画の要点を説明したり，既有知識や他の学習材と比較したり，対比したりする。	仲間と一緒に納得のいく説明について議論したり，類似点や相違点について話し合ったりする。

（Chi, M. & Wylie, R., 2014, p. 221 より著者訳出）

互いに質問を交わしあう，③学習した内容についてのお互いの理解を説明しあう，といった取り組みがこれにあたる。すぐに気づかれるように，インタラクティヴモードの取り組みの土台には，コンストラクティヴモードの取り組みがある。このモードでは，コンストラクティヴモードの取り組みを通して得られた自分なりの考えやアイデアを他者と交流することによって，それまで気づかなかったような新たな考えやアイデアが得られる可能性が見込まれる。学習者の学習材への関与の仕方に協同的，対話的な過程が加わったモードがインタラクティヴモードである。ICAP フレームワークの4つのモードのなかでは，コンストラクティヴモードの取り組みを土台としたインタラクティヴモードの取り組みが，学びのもっとも深い状態に位置づけられる。

（2）子どもたちの学びを支える教師の役割とは何か

　では，子どもたちの学びを支える教師の役割とは一体何であろうか。以下では本章で学んできたことを振り返りながら，子どもたちの学びを支える教師の役割について考えていこう。

　内発的動機づけに関する研究が明らかにしてきたところでは，学び手が学習に主体的に取り組んでいる状態というのは，学び手が外からの力によって操られているような感覚を抱きながら学習に取り組んでいる状態ではなく，学び手自身が対象世界を動かす原因になっているという感覚を抱きながら学習に取り組んでいる状態であった。これは簡単にいえば「やらされている」「やらねばならない」という外圧的な緊張感を抱きながら学習に取り組んでいる状態ではなく，「ああしてみよう」「こうしてみよう」といった内発的な有能感を抱きながら学習に取り組んでいる状態である。有能感というのはいわば「自分でやれる」「自分でできる」という感覚のことである。こうした感覚を学び手に育むためには，学び手が自分自身で選び，自分で決めて取り組むという経験が重要であった。これらの研究知見から，教師には学び手に学習の内容や方法について自分で選び，自分で決めて取り組む機会を提供することが期待されよう。

　また，アフォーダンスという考え方は，私たちの住まう世界には多種多様

な意味や価値が無数に潜んでいるということを教えてくれる。物事の意味や価値は1つではなく，無数の可能性にひらかれている。教師の役割として重要なことは，ある物事についての1つの意味や価値を学び手に教えていくことではなく，教室にいる誰もがいまだ見つけたことのないような意味や価値を学び手とともに探し，その探索を面白がることである。

最後に，ICAP フレームワークというアイデアは，学習者の学びの深さと教育の具体的な方法についてのヒントを与えてくれる。たとえば，授業のなかで，①ノートをとったり，テキストに下線を引くことを学習者に促したり（アクティヴモードの取り組み），②自分の言葉でまとめ直したり，コンセプトマップを描く課題を出したり（コンストラクティヴモードの取り組み），③仲間との議論や協同作業をともなう活動を盛り込んだり（インタラクティヴモードの取り組み），といった工夫が考えられよう。こうした工夫を授業や学習材のなかに組み込むことによって，学習者の学びをより深いものにしていくことができるのではないだろうか。

もちろん教師の役割はここにあげた内容に留まるものではないだろう。だが，これらの知見は教師の役割を考えていくための有用なヒントを私たちに与えてくれている。

■引用文献

Chi, M. T., & Wylie, R., The ICAP framework: Linking cognitive engagement to active learning outcomes. *Educational psychologist*, 49（4），219-243, 2014

De Charms, R., *Personal causation: The internal affective determinants of behavior*, Academic Press, 1968

Deci, E. L., & Flaste, R., *Why we do what we do: The dynamics of personal autonomy*, GP Putnam's Sons, 1995（デシ，E. L. & フラスト，R.『人を伸ばす力——内発と自律のすすめ』桜井茂男監訳，新曜社，1999年）

Gibson, J.J., *The ecological approach to visual perception: classic edition*. Psychology Press, 1979（ギブソン，J. J.『生態学的視覚論——ヒトの知覚世界を探る』古崎敬・古崎愛子・辻敬一郎・村瀬旻訳，サイエンス社，1985年）

佐伯胖『新版「わかる」ということの意味』岩波書店，1995年

佐々木正人『アフォーダンス入門——知性はどこに生まれるか』講談社，2008年

佐々木正人『新版　アフォーダンス——新しい認知の理論』岩波書店，2015年

■課題
1. 外発的に動機づけられた状態と内発的に動機づけられた状態のそれぞれについて具体例を挙げて説明してみよう。
2. アフォーダンスについて，具体例を挙げて説明してみよう。
3. 子どもたちの主体的な学びを支えていくために教育者ができる具体的な工夫について ICAP フレームワークを参考に書き出してみよう。

■参考図書

デシ，E. L. & フラスト，R.『人を伸ばす力——内発と自律のすすめ』桜井茂男監訳，新曜社，1999 年
佐伯胖『新版「わかる」ということの意味』岩波書店，1995 年
佐々木正人『アフォーダンス入門——知性はどこに生まれるか』講談社，2008 年
佐々木正人『新版　アフォーダンス——新しい認知の理論』岩波書店，2015 年

第13章 | 対話的な学びを考える

　本章の目的は「対話的な学びとは何か」ということについて考えていくことにある。最初に，①対話という言葉が意味するところについて考えていく。続いて，②教育の実践において対話を重視するというのはどういうことなのか，③対話における教師の役割とは何なのかについて考える。最後に④対話的な教育実践とはどのようなものなのかについて具体的に学んでいく。これらの学びを通して対話的な学びについての具体的なイメージを作り上げることが本章の目指すところである。

キーワード
対話的な学び　教室のディスコース　足場かけ　傾聴の教育学

第1節　対話とは何か

　教育における「対話」の役割をことのほか重視した教育学者の1人，パウロ・フレイレ（Freire, P.）は，その主著『被抑圧者の教育学』のなかで対話について次に要約される考えを述べている。対話というのは，よりよい自分になりたいと願う人々の出会いと，互いへの信頼に支えられた協同の探求活動である。対話の最中にあっては，学ぶ人にとっての教える人，教える人にとっての学ぶ人といった対称関係はなくなり，学ぶ人であると同時に教える人でもある学び手と，教える人であると同時に学ぶ人でもある教え手があらわれる。教える人はただの教え手ではなく，学び手と対話を重ねるなかで学ぶ人にもなる。学ぶ人もまた，ただの学び手ではなく，教え手と対話を重ねるなかで教える人にもなる。このような相互交流のなかで，教える人も学ぶ人

もお互いに相手の成長に対して責任を負うようになる（フレイレ，1979）。

　ここに要約したフレイレの対話についての考え方は，対話的な学びというテーマを考えていくにあたって私たちに重要なヒントを与えてくれる。ここでの1つ目のポイントは対話における対等性であろう。対話の最中にあっては教える人と学ぶ人という固定化された役割がない。たとえば，「持続可能な開発目標（Sustainable Development Goals）」に掲げられた質の高い教育にかかわるトピックについて話し合おうとなったとき，対話の場において話し合うメンバーはお互いに対等な立場にある。彼らはお互いに相手に教えることもあれば，相手から学ぶこともある。2つ目のポイントは，知識の在り処についての考え方である。対話の最中にあっては，知識は誰かの頭の中に蓄えられているものというよりも，協同でつくりだしていくものと考えられる。たとえば，先の質の高い教育にかかわるトピックについて，誰かがそのトピックについての正しい知識を持っていて，それを引き出してもらえばよいと考えるのではなく，対話を重ねていくなかでそのトピックに関連する知識がつくりあげられていくと考える。

　さて，上に述べたことに関連してフレイレは『被抑圧者の教育学』のなかで，教育についての2つの考え方を対比して論じている。

　1つ目の考え方は彼が「銀行型教育」と呼ぶものである。ここでは教育の実践が銀行にお金を預け入れる実践にたとえられる。銀行型教育のもとでは，教師には学習者にできる限り多くの知識を預け入れる役割が期待される。他方の学習者には，託された知識を可能な限り忠実に覚え，必要に応じて引き出すことができるようになることが期待される。知識は，知識を持つものとされる教師から，知識を持たぬものとされる学習者へと一方的に伝えられる。フレイレ（1979）にしたがえば，銀行型教育の実践を特徴づけるキーワードは「伝達」と「暗記」である。

　2つ目の考え方は，彼が「課題提起型教育」と呼ぶものである。ここでは教育の実践は，対等な立場にある教師と学習者とが対話を重ねながら世界を意味づけ直していく実践として理解される。課題提起型教育のもとでは，教師と学習者とが，お互いに自分なりの思いや考えを持った対等な探求者として位置づけられる。そこでは教師と学習者とが一緒になって，自らの生き方

や世界のあり方についての課題を設定し，それについて話し合うなかで自身のそれまでの生き方や考え方を見直したり，新たな生き方や考え方を発見したりする。フレイレ（1979）にしたがえば，課題提起型教育の実践を特徴づけるキーワードは「対話」と「創造」である。

『被抑圧者の教育学』のなかでフレイレは，伝達と暗記の実践に根ざした「銀行型教育」を批判し，対話と創造の実践に根ざした「課題提起型教育」の実践を推奨する。フレイレの思想と実践の背後には，政治的，社会的に抑圧され，搾取されてきた人々を救い出すための民衆教育の提案という固有の文脈がある。だが，そのことを脇に置いても，教育における対話の役割を重視するフレイレの主張は，改めて読み直す価値がある。

第2節　教室のディスコース

さて，前節では教育における対話の役割についてフレイレの教育思想を頼りに考えた。ここからは舞台を学校の教室へと移そう。学校の教室でやりとりされる言葉にはどのような特徴があるだろうか。社会学者であるヒュー・ミーハン（Mehan, H.）は，教室や授業でやりとりされる会話を分析し，教室でやりとりされる会話と，日常生活でやりとりされる会話とでは，その会話の構造が異なっていることを明らかにした（Mehan, 1979）。たとえば，日常場面では「今何時ですか？」「ちょうど9時になるところです」「ありがとう」という会話の連なりが自然とされるところが，授業場面では「今何時ですか？」「ちょうど9時になるところです」「正解です」という会話の連なりが自然とされる。つまり，教室や授業でやりとりされる会話には，日常場面とは異なる制度的な構造があるのである。

ミーハンはこの構造を IRE 構造と呼んだ（Mehan, 1979）。I は教師の働きかけ（teacher initiative），R は子どもの応答（student response），E は教師の評価（teacher evaluation）をそれぞれ表している。日常会話では発話の主導権は，会話を続ける者同士の間で柔軟に切り替わっていくのが通例である。一方，教室，とくに授業中の会話では発話の主導権は教師がにぎっていることも多い。子どもの挙手，教師による指名，子どもの発言といった教室のルールに覚え

があるように，教室や授業中の会話の進行が教師のマネージメントのもとにあることは読者にもイメージしやすいだろう。教師と子どもや子ども同士が一対多の関係をつくりながらやりとりを続けていく授業場面においては，その流れを整理し，ファシリテートする教師の役割が学級運営において重要な機能を果たすともいえる。

　また，教師の問いかけへの子どもの応答に対して教師が評価を与えるという構造も授業会話に特有のものである。先の時間を尋ねる例にみるように，日常会話では知らない人が知っている人に尋ね，その応答に対して感謝を伝えるという会話の連鎖が通例とされる。これとは反対に授業会話では，知っている人が知らない人に尋ね，その応答に対して評価やフィードバックを与えるという会話の連鎖になっている。すなわち授業内でやりとりされる会話は，相手の応答に対する評価やフィードバックを前提とした会話構造になっているのである。

　さらにミーハンは教室の授業は内容にかかわらずその多くが導入部分，展開部分，まとめ部分という流れのなかに組み立てられていることを指摘している。授業の導入部分では，教師が生徒に向けてその日の授業にかかわる課題指示や情報提供をおこなうような発話が中心にあり，続く授業の展開部分では教師がその日の授業にかかわる話題を学習者から引き出していくような発話が中心となる。最後に授業のまとめ部分では再び教師が主導してその日の授業にかかわる総括的な内容や新たな課題指示を含む発話が為されて授業が閉じられる。そして授業をかたちづくっている上のいずれのパートにおいても，教師，学習者，教師という発話の順番をとった IRE 構造が成立しているという（Mehan, 1979）。

　ミーハンが明らかにした IRE 構造にしたがった授業会話は，ともすると第1節で紹介したフレイレの「銀行型教育」の考え方を思い起こさせよう。そこでは，知識を持つものと知識を持たないものとの主従関係が前提され，教育という営みは前者から後者への一方的な知識の伝達として説明されていた。IRE 構造にしたがった授業会話は，私たちの目に「銀行型教育」の具体的な実践のようにも映る。「銀行型教育」の実践にはまり込むことなく，わたしたちが対話的な学びを構想していくためには，IRE 構造にみられる教師

と子どもとの主従関係を緩め，教師と子どもや子ども同士が対等な関係のなかで，様々な物事について話し合う機会を教室や授業内に持ち込む必要がある。

さて，ミーハンが明らかにしたことは教室，とくに授業場面でやりとりされる会話がどのような構造を持っているのか，ということであった。これに対しミーハンの共同研究者でもあったコートニー・キャズデン（Cazden, C.B.）は，教室でやりとりされる言葉にはどのような機能があるのか，という問題に取り組んだ。キャズデン（2001）は，教室でやりとりされる言葉のなかには3つの機能があると主張する。1つ目の機能は，命題情報をやりとりする手段として使われる言葉の働きである。たとえば，掛け算や割り算の仕組みについて学んだり，昆虫の身体のつくりについて学んだり，といった場面で使われるものである。つまり，カリキュラムに沿った教育内容や，授業を通して子どもたちが学ぶことを期待されている知識や技能をやりとりする手段として使われる言葉の機能である。2つ目の機能は，学校生活や教室において社会的な関係を築いたり，維持したりする手段として使われる言葉の働きである。たとえば，子どもの発言を認めたり，グループワークの組み分けをしたり，席替えをしたり，といった場面で使われるものである。ようするに，教師と子どもとの関係や，子ども同士のつながりを築き，支えていく手段として使われる言葉の機能である。最後の3つ目の機能は，話し手のアイデンティティや態度を表明する手段として使われる言葉の働きである。たとえば，学校や教室のルールについての意見交換をしたり，健康上や宗教上の理由から食べられない食事があることを伝えたり，といった場面で使われるものである。ようするに，話し手自身の考え方や価値観，生き方といったものを表明する手段として使われる言葉の機能である。

キャズデンは教室でやりとりされる言葉にともなわれるこれらの機能を端的に①命題機能（propositional function），②社会機能（social function），③表現機能（expressive function）と呼んでいる（Cazden, 2001）。ただしこれらの言葉の機能は，特定の発言と1対1の対応関係にあるというわけではない。つまり，教師や子どもの語る言葉のなかに，複数の言葉の機能が混ざっている場合もある。キャズデンの研究は，教室や授業場面でやりとりされる言葉のなかに

は複数の機能が含まれており，これらの言葉の機能が重なり合うことによって学校生活や授業が成り立っているということを私たちに教えてくれる。

第3節　足場をかけ合う

　ミーハンやキャズデンの研究は，教室や授業場面でおこなわれる会話がどのような構造になっているのか，そこで使われる言葉がどのような機能を持っているのか，ということについて私たちに教えてくれる。一方で「対話」がどのようにして子どもや学習者の学びを支えるのかについてはもう少し具体的に考えていく必要があるだろう。以下では「足場かけ（scaffolding）」という考え方をもとにこの問題を考えていく。

　「足場かけ」というのは，学習者が何らかの課題に取り組んでいる際に，その課題により通じた他者が課題の解決に役立ちそうな情報を提供することによって，学習者の課題解決を助ける行為を指している。この「足場かけ」という言葉は，学習者の課題解決を助ける行為について研究をしていたウッド，ブルーナー & ロス（Wood, Bruner & Ross, 1976）が名づけたものである。彼らは21個のブロックからピラミッドが組み上がる立体パズルを用いてこの研究に取り組んでいる。研究に参加したのは3歳，4歳，5歳の幼児で，課題解決を手助けしたのは研究者のロスである。子どもたちはまずは立体パズルを使って自由に遊ぶ。しばらくしたところで研究者が2つのブロックが組み合わさることを子どもに見せる。そして「こんなふうにして，もっと何か作れないかな」と問いかける。子どもたちが立体パズルに興味を持って取り組みはじめたところで研究者は介入をやめる。あとは子どもたちが独力で課題解決に取り組む姿を見守りながら，彼らが困難に直面したと見受けられた際に，その困難を乗り越えるための方法をやってみせたり，言葉で伝えたりしながら彼らの課題解決を手助けする。読者も予想される通り，3歳児はより多くの手助けを必要とし，5歳児はより少ない手助けで課題解決に至る。だがここで重要なのは課題解決の支援者であったロスが，子どもたちの取り組みをどのように助けたか，ということである。ウッド，ブルーナー & ロス（1976）は，この研究を通して学習者の課題解決を助ける行為について次

の6つのヒントを得ている。

(1) 取り組む課題を学習者にとって面白くやりがいのあるものにすること
(2) 課題解決に必要な手続きを単純で，わかりやすいものにすること
(3) 学習者が課題解決を諦めてしまわないように支えること
(4) 目指しているところと，学習者が今いるところとを明らかにすること
(5) 手助けが学習者自身の課題解決の邪魔にならないようにすること
(6) 目指しているところや，解決の手立てを手本としてやってみせること

さて，この研究論文の著者の1人であり，20世紀を代表する心理学者の1人に数えられるJ. S. ブルーナー（Bruner, J.S.）は，後にここで述べた「足場かけ」の考え方をロシアの心理学者L. S. ヴィゴツキー（Vygotsky, L.S.）の「発達の最近接領域（Zone of proximal development）」（ヴィゴツキー，2001）の考え方の延長線上に位置づけている（Bruner, 1986; 田中訳，1998）。「発達の最近接領域」というのは，より正確には「最近接発達の領域」，すなわち子どもの知的発達における未来の可能性として現れる領域のことで，一般的には次のように説明される。ある子どもが独力で解決することのできる課題のレベルを，今，ここでのその子の発達のレベルとして仮定したときに，同じ考え方のもと，その子が誰かの手助けや，協力を得ながら取り組んだときに解決が可能になる課題のレベルというものがある。このレベルはその子が独力で解決することのできる課題のレベルよりも高いレベル，言葉を換えて言えば，その子の未来の可能性として現れる発達のレベルとして説明することができる（ヴィゴツキー，2001）。「発達の最近接領域」というのは，今，ここでのその子の発達のレベルと，未来の可能性として現れるその子の発達のレベルとの間に広がる可能性の領域を指す言葉である。

ブルーナー（1986; 田中訳，1998）は，「足場かけ（scaffolding）」の研究はヴィゴツキーの「発達の最近接領域」の考え方に着想を得つつ，大人や年長者は子どもたちをどのように可能性の領域に誘うのか，という教授学的な関心のもとに進められたものであることを振り返っている。

だが，すでに明らかなように「足場かけ」の研究は，「答え」や「やり方」

を知っているものが、「答え」や「やり方」を知らないものの課題解決を手助けする仕方を明らかにすることが目的に据えられている（Wood, Bruner & Ross, 1976）。すぐに気づかれるように、ここには知識を持つものから知識を持たないものへ、という一方向の関係しか見出されない。フレイレの言葉を借りれば「銀行型教育」の考え方が垣間見えるともいえる。だが、対話的な学びについて考えている私たちにとってはこれでは明らかに不足であろう。したがって、「足場かけ」の考え方は少なくとも次のように展開する必要がある。「足場かけ」は、知識を持つものから知識を持たないものに対して一方的に用意されるものに限らず、複数の対等な立場にある学び手が、特定の課題の解決に協力して取り組むなかで、お互いに用意し合うものとしても理解される必要がある。ようするに足場をかけ合う（scaffolding to each other）という観点が重要になってくる。再びフレイレの言葉を借りるならば、何らかの課題の解決に向けて協力して取り組むなかで、教え手は教えるものであると同時に学ぶものにもなり、学び手は学ぶものであると同時に教えるものにもなるという相互性の観点が重要になるのである。

　さて、最後に足場をはずす（fading）ということについて一言述べておこう。足場は学び手が取り組んでいる課題を解決していくために役立つ助力のことであるから、学び手に解決の見通しが得られたり、必要がなくなればはずされる必要がある。学び手自身が解決の見通しを得ているのにいつまでも足場がかけられているのでは、かえって学び手の課題解決を妨げかねない。したがって、足場は「かける」ことだけではなく、「はずす」ことにも注意を向けなければならない。

第4節　傾聴の教育学

　本章では「対話的な学びとは何か」という問いをめぐって学びを深めてきた。そのなかで明らかになってきたことを改めて整理するなら、次の2点にまとめることができる。1つ目は、対話のなかにあっては、対話を交わし合うもの同士が対等な立場関係にあるということである。たとえ、特定の知識や技能において一方が多くを知り、熟達している場合があったとしても、対

話のなかにあっては互いに相手から学び得るものがあるという姿勢が保たれることが重要になる。2つ目は，対話のなかにあっては，知識はどこかから引き出されてくるものではなく，創りあげられるものであるということである。知識は，それを持つものから持たないものへと伝達されるものではなく，対話を通して創りあげられるものであるというイメージを持つことが重要になる。果たして，このような考え方に根ざした教育を実践することができるのであろうか。もし，それが実現できるとすれば，それはどのような実践なのであろうか。

　前節に登場したアメリカの心理学者 J. S. ブルーナーがその晩年にたびたび訪れたイタリア北部の小さな街がある。レッジョ・エミリアという街である。この街で実践されている幼児教育はレッジョ・アプローチと呼ばれ，世界でもっとも先進的な幼児教育の1つに数えられている。その実践に魅せられたブルーナーは晩年，毎年のようにこの街を訪れ，街から名誉市民の称号を受けるにまで至っている。20世紀を代表する心理学者の1人をここまで魅了した幼児教育とはどのようなものなのであろうか。

　アトリエスタと呼ばれる芸術を修めた教師とペダゴジスタと呼ばれる教育を修めた教師とが協同で実践をつくっていくこと，アトリエを拠点として展開するプロジェッタツィオーネと呼ばれる子どもの興味から出発する創造的活動を軸にした実践，子どもたちの探究や活動の様子を様々な媒体を使って記録，可視化し，実践の資源にしていくドキュメンテーションと呼ばれる取り組み，地域の多様な資源の実践への活用，街の人々や保護者，教師たちが力を合わせて子どもたちの豊かな経験や成長を支えていこうとする民主的な風土など，レッジョ・アプローチの紹介にはこと欠かない。

　そのすべてをここで紹介することはここでの目的とは異なるため，以下では本章の主題である「対話」というキーワードに焦点を絞ってレッジョ・アプローチを紹介することにしたい。レッジョ・アプローチの思想的，実践的なリーダーと目される人物にローリス・マラグッツィ（Loris Malaguzzi）がいる。レッジョ・エミリアの幼児教育の基礎を築き上げ，生涯に渡ってその実践を支えた人物である。このマラグッツィの思想の核心としてレッジョ・アプローチを支えている考え方の1つに「有能な子ども」という考え方がある

（Rinaldi, 2006; 里見訳, 2019）。難しい言葉ではなく，その言わんとするところもイメージしやすいので，ここではマラグッツィの言葉を引いてその趣旨を確認しておこう。

> 　子どもがもっている可能性と力に，われわれは信を置かなければならない。子どもは——われわれのすべてと同じように——そうと思われてきた以上に，もっと大きな力をもっているのだ。大人にせよ子どもにせよ，われわれは信じられないくらい大きな可能性をもっているのであって，そのことに確信をもつべきなのである。……
>
> （ローリス・マラグッツィ）
>
> （Rinaldi, 2006; 里見訳, 2019, p.89）

　他者と対話的な関係を結ぶにあたっては，かかわりを持つ相手が有能で可能性に満ちた存在であるということを信じることが必要になる。というのも，この信頼は，自身が相手に与え得るものがあるという感覚と，同時に相手が自分に与えてくれるものがあるという感覚と結びついているからである。つまり，お互いに相手に与え得るものがあるという相互の信頼が対話的な関係の土台となる。一方が，相手から学び得るものは何もないと考えているときには，対話的な関係は成立しにくいといわなければならないだろう。相手の語る言葉に耳を傾け，相手のすることに興味を持ち，それらを価値のあるものとして受け止める姿勢をつくることが困難になるからである。
　教育をめぐる関係には，しばしばこのような困難がともなわれる。なぜならば，教師の側が知識や技術を持っており，子どもの側は知識や技術を持っていないと考えられがちだからである。もっといえば，教育の仕事は知識を持つものから，知識を持たないものへの知識の受け渡しとしてイメージされる傾向があるからである。こうした教育の仕事をめぐる根強いイメージに挑戦しようとしたのが，マラグッツィの思想をはじめ，レッジョ・エミリアの幼児教育において重視される「有能な子ども」という子ども観なのである。この「有能な子ども」という子ども観を象徴するマラグッツィの有名な詩の一部を紹介しておこう。

子どもには百とおりある。子どもには　百のことば　百の手　百の考
　え　百の考え方　遊び方や話し方　百いつでも百の　聞き方　驚き方，
　愛し方　歌ったり，理解するのに　百の喜び　発見するのに　百の世界
　発明するのに　百の世界　夢見るのに　百の世界がある　子どもには百
　のことばがある。……

ローリス・マラグッツィ

（レッジョ・チルドレン，2012, p.5）

　子どもの持つ力への不信や疑念から出発するのではなく，子どもの持つ力
と可能性への信頼から出発するレッジョ・アプローチには，一貫した対話へ
の志向があるといえるだろう。

　さて，この対話への志向の先に見据えられているのが「傾聴の教育学」と
呼ばれる考え方である。教育の実践において「聴くこと」がその中心に据え
られるべきであるという主張には学ぶべきことが多い。というのも，私たち
が教育の実践について一般的にイメージすることには「語ること」の方が多い
ように思われるからである。それゆえ，「語ること」よりも「聴くこと」
の方が重要であるという主張は私たちに力強いメッセージとして響く。

　では，「傾聴の教育学」として表現されるところの「傾聴」とはいったい
何を意味しているのだろうか。長年，レッジョ・エミリアの幼児教育をその
実践において支えてきたカルラ・リナルディは，レッジョ・エミリアの幼児
教育において「傾聴」という言葉が指し示すことは，誰かが発した言葉や，
周囲の音といった聴覚を通じて入ってくる音に耳を傾けることに留まらない
という。そして，「傾聴」という言葉には，耳を傾けることを含め，見るこ
と，触れること，匂いをかぐこと，味わうことといった五感を通して対象や
他者にかかわることのすべてが含まれているという（Rinaldi, 2006; 里見訳，
2019, p. 89）。すぐに気づかれるように，ここでいわれる「傾聴」は，生きる
ことそれ自体と密接にかかわっている。この意味において大人と子どもとの
間に区別はない。ようするに，大人も子どもも，ともに五感を通して対象や
他者にかかわることが重視される。むろん，ただかかわるというのではない。

「傾聴」という言葉には，対象や他者に敬意をもってかかわり，対象や他者が与えてくれることを自身にとって価値のあるものとして受け止めるという意味が含まれている。「傾聴」を通して受け止めたことのなかには，私たちの日常生活における出会いの多くがそうであるように，ときが過ぎれば，次第に記憶がうすれ，やがては忘れ去られてしまうこともあるだろう。レッジョ・エミリアの幼児教育においては，それはあまりにも惜しいことであると考える。そして，大人も子どもも，ともに「傾聴」の実践を通して受け止めたことを，様々な素材を使って目に見えるかたちにし，それを足場にして互いに対話を重ね，新たな探究や創造に向かっていくことを実践の柱に据えている。これが教育的ドキュメンテーションという取り組みとして知られているものなのである。

　最後に，レッジョ・エミリアの幼児教育について先のブルーナーが語っている言葉を引用して本章の締めくくりとしよう。

　　　レッジョの幼児学校で私が最初に気がついたことは，人間──子どもであっても，教師であっても，地域社会全体であっても──に対する尊敬の念だった。私たちは一人ひとりが，モノゴトの世界であっても人間の世界であっても，世界についての経験に何らかの意味を見出そうとしている。そして，人間同士の尊敬がもっとも深淵なあらわれ方をするのは，この一人ひとりが見出そうとしている意味を心を込めて，真摯に受け止めようとしているときである。……

ジェローム・ブルーナー
（レッジョ・チルドレン，2012, p.169: 一部筆者改訳）

　対話的な学びを進めていくためには，対等な立場関係のなかでのお互いへの強い信頼と，互いに相手から学び得るものがあるという深い確信とが，その根底にある必要があるといえよう。

■引用文献

Bruner, J.S. *Actual minds, possible worlds.* Harvard university press., 1986（ブルーナー，J. S. 『可

能世界の心理』田中一彦訳，みすず書房，1998 年）

Cazden, C.B., *Classroom discourse: The language of teaching and learning*, Second edition, Heinemann, 2001

フレイレ，P.『被抑圧者の教育学』小沢有作・楠原彰・柿沼秀雄・伊藤周訳，亜紀書房，1979 年

Mehan, H., *Learning lessons*, Harvard University Press, 1979

レッジョ・チルドレン著，ワタリウム美術館編『子どもたちの 100 の言葉——レッジョ・エミリアの幼児教育実践記録』日東書院，2012 年

Rinaldi, C., *In dialogue with Reggio Emilia: Listening, researching and learning*, Routledge, 2006（リナルディ，C.『レッジョ・エミリアと対話しながら——知の紡ぎ手たちの町と学校』里見実訳，ミネルヴァ書房，2019 年）

ヴィゴツキー，L.S.『新訳版 思考と言語』柴田義松訳，新読書社，2001 年

Wood, D., Bruner, J.S., & Ross, G., The role of tutoring in problem solving, *Journal of child psychology and psychiatry*, 17（2），89-100, 1976

■課題
1. 対話的な関係とはどのような関係のことを指すか，本章を通して学んだことを自分の言葉で説明してみよう。
2. 対話的な実践をつくっていくために，教育者が心がけたらよいことは何か，本章を通して学んだことを自分の言葉で説明してみよう。その際，保育実践や教育実践の具体的なやりとりの記録も参考にしながら考えてみよう。
3. 対話的な学びがなぜ重要なのか，自分の考えをまとめてみよう。

■参考図書
フレイレ，P.『被抑圧者の教育学』小沢有作・楠原彰・柿沼秀雄・伊藤周訳，亜紀書房，1979 年.

リナルディ，C.『レッジョ・エミリアと対話しながら——知の紡ぎ手たちの町と学校』里見実訳，ミネルヴァ書房，2019 年.

第14章 | 多様な学びを支える視点

　一人ひとりの子どもはかけがえのない存在であるとともに，一人ひとり違った「支え」を必要とする。ようするに子どもは，誰もが特別な教育的ニーズを有した存在でもある。インクルーシブ教育（保育）では，多様な子どもが一緒に教育（保育）を受けられることを目指す実践である。

　とくに日本では，発達障がいのある子どものニーズに応じるために，特別支援教育への転換とともに，インクルーシブ教育（保育）も広まりをみせてきた。

　この実践が実効性のあるものとなるためには，①子どもの自己肯定感を育む大人のまなざし，②一人の子どものなかに，多様な面があることを見いだせることが重要になる。

キーワード
特別な教育的ニーズ　インクルージョン　合理的配慮　子どもの声

第1節　特別な教育的ニーズ

（1）子どもの存在からみた特別な教育的ニーズ

　はじめに，子どもとはどういう存在なのか，あらためて考えてみたい。まず確かなことは，子どもは一人ひとり違ったかけがえのない存在だということである。ついで，子どもは何らかの「支え」を必要としている存在ともいえるであろう。これらの前提から導き出されることは，一人ひとりかけがえのない存在の子どもは，一人ひとり違った「支え」を必要としているという，

とてもシンプルな事実だろう。

　このような視点から，先駆的に障がい児教育の見直しを進めてきたのはイギリスである。契機となったのは，障がい児・者の教育調査委員会が1978年に提出した「ウォーノック報告」である。これを受けてイギリス政府は「1981年教育法」を定め，障がいのある子どもに限らず何らかの教育的支援を必要としている子どもを，特別な教育的ニーズのある子どもとしたのである。

　この変更は，従来の医学・診断的な障がいを前提としたこれまでの障がい児教育とは異なり，教育的な観点からの支援を前提とする，まったく新しいものだった。具体的には，子どもの障がいを学習の困難さの原因にするのではなく，当該の子どもを取り巻く家庭や地域，あるいは文化等を考慮する必要性を唱えるものとなったのである。

　また，障がいのある子どもだけでなく，様々な事情の子どもをその対象に含むことから，特別な教育的ニーズの概念には，あえてあいまいなところが残されているのである。それによって，たとえば，不登校の子どもや虐待を受けている子どもなども，支援対象となったのである。

（2）万人のための教育とサラマンカ宣言

　特別な教育的ニーズという考え方は，このあと急速に世界各地に広まっていった。そのきっかけとなったのは，ユネスコとスペイン政府共催によって，サラマンカで開催された「特別なニーズ教育に関する世界会議」である。これは，1990年の「万人のための教育（Education for All）」の推進を目的として，92ヶ国の政府および25の国際組織を代表する参加者が集まり，とりわけ特別な教育的ニーズを有する子どもたちの今後の基本的原則，政策，実践について検討するために組織された会議だった。

　その最終報告書において，いわゆる「サラマンカ宣言」が採択されたのである。宣言において提起された行動の枠組みには，学校という所は，子どもたちの身体的・知的・情緒的・言語的もしくは他の状態と関係なく，「すべての子どもたち」を対象とすべきとされている。そして，障がい児，ストリ

ート・チルドレン，労働している子どもたち，人里離れた地域や遊牧民の子どもたちなどもその対象に含まれると明記されたのである。そして，そうした子どもを「特別な教育的ニーズ」のある子どもとし，あらゆる子どもが学校で教育を受けられるようにすることを「インクルーシブ教育（Inclusive Education）」と呼んだのである。

（3）名称に「障がい」が入らなかった「ICF（国際生活機能分類）」

そもそも障がいという概念は，固定的なものではなく時代や国によって変わっていくものであり，さらに障がいは，個人に帰属するというよりも，その個人を取り巻く環境や文化のなかで浮かび上がってくるものである。ただし，それぞれの国が任意で障がい概念を定めていると，国際比較などをおこなうときに支障も生じてきてしまう。そこでそうしたことを未然に防ぐため，どのような状態・事象を障がいと認めるのか，国際的に共通化させようとする試みがこれまで世界保健機関（以下WHO）によって行われてきた。

1980（昭和55）年に，はじめてWHOによって提示されたものが，「国際障害分類（以下ICIDH）」だった。しかし，発表後まもなくこのICIDHは，障がいを「疾患・変調」に起因する個人の問題とみなしていることや，環境や文化の影響が過小評価されている点などから批判されるようになった。ICIDHがこのように批判された要因は，障がいを主に医学・診断的な観点から記述していたことにあった。

そのため，2001（平成13）年にWHOはICIDHを改訂したものを採択した。それが「国際生活機能分類（以下ICF）」である。このICFで，まず注目すべき点は，「ICF（国際生活機能分類）」という名称そのものに「障がい」が入っていないということである。つまり医学・診断的な障がいの分類ではなく，総体的な生活機能（障がいの有無にかかわらず，生活を送る上で生じる制限や困難など）という観点から分類し直したものがICFなのである。さらに生活機能の背景因子には，「個人因子」だけでなく「環境因子」も加えられ，環境や文化の問題として障がいをとらえる姿勢も，ICFでは明確に示されたのである。

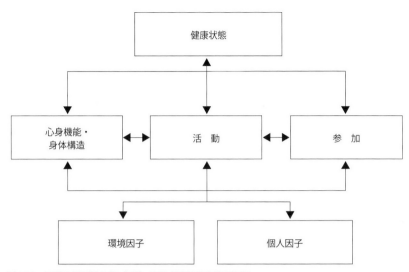

図 14-1 国際生活機能分類（ICF）の構成要素間の相互作用
(障害者福祉研究会編, 2002, p.17 より一部改変)

　また ICF では，その生活機能も「心身機能・身体構造」「活動」「参加」の 3 つのレベルで構成されており，各レベルにおける困難，制限などの面からとらえるように改められた。さらに，それぞれの因子や状態との関係性も，ICIDH のときのように一方向ではなく，相互作用的なものへと見直されたのである（**図 14-1**）。この改訂に通底していることは，障がいを個人の問題ととらえることを改め，なるべく公正・中立的な立場から，生活において生じた困難や参加の制限という，環境や社会との相互作用から障がいをとらえ直そうとする姿勢である。

（4）発達障がいのある子どもと特別支援教育への転換

　特別な教育的ニーズの子どもという観点から教育を見直していこうとする世界的な潮流と，ICF などにみられる障がい観の変遷を受けて，日本でも，それまで特殊教育と呼ばれていた障がい児教育を特別支援教育へ改めることとなった。契機となったのは，通常学級における学習上あるいは行動上著し

い困難のある児童生徒に関する全国調査である。その結果から，何らかの困難を抱えている子どもが6.5％いるということが明らかになったのである。

この調査結果を受けて，文部科学省が設置した調査研究協力者会議では，2003（平成15）年に「今後の特別支援教育の在り方について（最終報告）」を答申した。そのなかで，特別支援教育について，「LD，ADHD，高機能自閉症[1] を含めて障害のある児童生徒の自立や社会参加に向けて，その一人ひとりの教育的ニーズを把握して，その持てる力を高め，生活や学習上の困難を改善又は克服するために，適切な教育や指導を通じて必要な支援をおこなうものである」と定義したのである。これにより日本においても，特別な教育的ニーズに基づいた支援をおこなうことが示され，従来のように対象を身体障がい児や知的障がい児等と限定するのではなく，支えを必要としている子どもに広げることとなったのである。すなわち，これまで障がい種別や障がいの程度によって，こぼれ落ちてしまうことが多かった LD，ADHD，自閉スペクトラム症の，いわゆる発達障がいのある子どもも支援対象に含まれることとなったのである。

このようにみると，日本において特別支援教育への転換は，発達障がいのある子どもたちへの本格的な支援を進めることが起点となっているのである。しかも，これまで発達障がいのある子どもたちは，通常の幼稚園，小学校，中学校，高等学校に通うことが多かった。そのため，特別支援教育への転換においては，従来の特殊教育を見直すだけでなく，通常学級の教育のあり方も含めて，新たな枠組みの構築が求められることとなったのである。

（5）多様な発達という考え方

ここからは，発達障がいの子どもたちに焦点をあてて考えてみる。先述の通り，発達障がいのある子どもたちが支援の網の目をすり抜けて，取り残されてしまっていた背景には，周囲がなかなかその子どものニーズを理解できなかったという事情もある。なぜなら，発達障がいの様態はスペクトラム，すなわち連続体となっており，その境界があいまいとなっているのである。そのため最近は，発達障がいを，いわゆる「障がい」としてみるのではなく，

「発達の多様性」とみる「ニューロダイバーシティ（神経多様性）」という考え方も現れてきた。すなわち，発達障がいの特性は生物としてのバリエーションの１つに過ぎず，他の特性（健常児）との間には優劣などないという考え方である。

　なお，日本では2005（平成17）年に施行された「発達障害者支援法」において，発達障がいの定義について「自閉症，アスペルガー症候群その他の広汎性発達障害，学習障害，注意欠陥多動性障害その他これに類する脳機能の障害であってその症状が通常低年齢において発現するもの」と定められている。ただし先述の通り，特別支援教育は障がいのある子どもを対象としたものから，すべての子どもに必要な教育へと転換されている。そのため発達障がいのある子どもはもちろんのこと，障がいではなくても特別な教育的ニーズを有した子どもであれば，特別支援教育の対象となり，その意味で特別支援教育については多様な課題への支援が期待されているのである。

第２節　子どもの多様性に合わせた学びの場

（1）養護学校から特別支援学校へ：ニーズに合わせた多様な学びの場へ

　これまでみてきた通り，特別支援教育とは，発達障がいのある子どもも含めて，特別な支援を必要とする子ども一人ひとりのニーズを理解して，適切な支援をおこなうものである。もちろん，そうした支援の先には共生社会の実現があることはいうまでもない。

　そのため特別支援教育においては，子どもの特別な教育的ニーズに応じて，特別支援学校の他，特別支援学級，通級による指導，通常学級など，多様な学びの場も用意されている。

　特殊教育の時代には，障がい種別ごとに盲，聾，養護学校と分かれていたが，2007（平成19）年４月から複数の障がい種別を対象とすることができる特別支援学校の設置も可能となった。この特別支援学校には地域のセンター機能を担うことも規定されており，近隣の幼稚園・小学校等に在籍する子ど

もたちや教員への支援などをおこなうこととなっている。

　通常の小学校等のなかに設置される特別支援学級は，校内における特別支援教育の中核を担うことを期待されており，状況に応じて通常学級で学ぶ特別な教育的ニーズのある子どもたちの教育相談等の取り組みもおこなわれるようになっている。また特別支援学級に籍を置きながら，一部の教科を通常学級で受ける「交流及び共同学習」という形態もある。

　通級による指導では，通常の学級に在籍して教科教育を受けながら，一定の曜日や時間に通級指導教室などで「自立活動」等を受けることができる。

（2）分離・統合からインクルージョンへ

　障がいのある子どもが通常学級で学ぶ場合も，インクルージョンという観点から，そのあり方について，従来の環境や方法などを抜本的に見直していくことが求められている。先にふれた「サラマンカ宣言」にも，この「インクルーシブ教育（Inclusive Education）」は盛り込まれていた。そもそも，英語のインクルージョン（Inclusion）は，「包む」という意味の Include の名詞形であり，日本語では「包含，包摂等」と訳される。それゆえ，本来は万人のための教育という意味が，このインクルーシブ教育には込められているといっても良いだろう。

　インクルーシブ教育の言葉の意味を，より深く理解するためにも，障がいのある子どもへの教育のこれまでの経緯を簡単にふり返っておきたい。障がい児教育の黎明期は，障がいのある子どもたちは，先述の養護学校のように通常学級とは異なるところへ通うことが前提とされてきた。いわば通常の教育から障がいのある子どもは取り出され，分離された形でおこなわれていたのである。

　その後，1981（昭和56）年の国連（国際連合）による「国際障害者年」を契機に，日本にもノーマライゼーションという理念が広く普及することとなった。もともとノーマライゼーションとは，障がい者を大規模施設に分離・収容することへの批判から，北欧のデンマークやスウェーデンにおいて生まれたものである。そこには，障がいの有無を問わず，誰もが生まれ育った街で

普通に生活できるようにしていこうとする思想が根底にあり，現在では社会福祉の基本理念となっているものである。

　こうしたノーマライゼーションの広まりとともに，障がいのある子どもを分離したままにすることへの見直しの機運も高まり，養護学校や特殊学級（特別支援学級の以前の呼称）の子どもと健常児（障がいのない子ども）との交流や，障がいのある子どもを通常学級で受け入れる，いわゆる統合（インテグレーション）も，試みられるようになってきた。しかし，そうした統合教育は基本的に，健常児のみを想定して考えられた教室や実践をそのままに，そこに障がいのある子どもを一緒に配置しようとしたものだった。そのため，障がいのある子どもへの配慮は十分とはいえず，障がいのある子どもが無理をして合わせる，あるいはその教室のなかでお客さま扱いされてしまうことも多かった。

　こうした統合教育を経て明らかになったことは，カリキュラムや組織，あるいは授業方法などの構造的な変更をおこなわずに，障がいのある子どもを通常学級に統合するだけでは，サラマンカ宣言で述べられたようなインクルーシブ教育にはならないということである。つまり，インクルーシブ教育とは，授業のあり方や人間関係など，特別な教育的ニーズのある子どもに合わせて，既存の学校の構造を複合的に変えていく営みなのである。要するにインクルーシブ教育は当該の障がいのある子どもに焦点をあてるだけでなく，むしろその子の周囲の子どもたちや大人（教育者）の視点，環境，組織，実践方法などにも焦点をあてて，複合的に見直していくことなのである。その意味では，インクルーシブ教育は，すべての子どもを対象とするものであるとともに，教職員や保育者，学校や園の所在する地域の人々も含めて，これまでのあり方そのものを問い直していくことが求められるムーブメントともいえるのである。インクルーシブ教育（インクルージョン）は，このようにとても深い意味を含んだものなのである。

（3）私たち抜きに私たちのことを決めるな（Nothing About Us, Without Us）

　この「私たち抜きに私たちのことを決めるな」という一文は，2006（平成18）年に国連（国際連合）で採択された「障害者の権利に関する条約」（以下「障害者権利条約」）策定過程において，モットーとされていた言葉である。このような表現が生まれた背景には，障がいのある人や障がいのある子どもは，長い間，障がいのない人（健常者）によって，日常的な行動や学びの場など様々なことを勝手に決められてきたという経緯とそれへの反省がある。そうした歴史的事実に対する強い思いが，この一文には込められている。

　しかし，このことを求めているのは，障がいのある人たちだけに限ったことではない。誰もが自分のことを自分で決められない，いわば自由がないという状況は認めがたいのではないだろうか。それゆえ，決して障がいのある人に限ったことではなく，子どもも含めたあらゆる人にとってのモットーであるともいえよう。

（4）子どもの声を聴くことからはじまる合理的配慮

　この「障害者権利条約」前文には，「障害が発展する概念（Recognizing that disability is an evolving concept...）」と書かれている。これは，障がいという概念が，固定的なものではなく，環境・文化や，周囲の人たちとの相互作用によるものということである。

　たとえば，エレベーターがないから車椅子の子どもが一人で2階の教室に行けない，あるいは点字の絵本がないため視覚障がいのある子どもが他の子のように絵本を読むことができないなどの状況を想像してほしい。これらは，障がいのある子どもに意図的に不利益を与えたわけではないだろう。しかし，結果的に活動が制限され，社会参加が損なわれてしまっている。そうしたことから「障害者権利条約」では，これらの場合も差別とみるのである。

　つまり，意図的に排除していなくても社会参加を損なうことがないように，人権意識や環境を整えていかなければならないのである。そのとき鍵となる

概念が，合理的配慮である。「障害者権利条約」では，その第2条において，この合理的配慮を「障害者が他の者との平等を基礎として全ての人権及び基本的自由を享有し，又は行使することを確保するための必要かつ適当な変更及び調整であって，特定の場合において必要とされるものであり，かつ，均衡を失した又は過度の負担を課さないものをいう」と定義している。

すなわち，合理的配慮とは，均衡を失したり過度の負担になったりしないように，配慮を必要とする人は，周囲に配慮を求めることができることであり，かつ，周りの人や組織には，「特定の場合において必要」な対応をおこなうことが求められているのである。そして，一人ひとり必要とする配慮は異なるため，必然的に合理的配慮を実現するときには個別的なものとなる。

このような合理的配慮をおこなうにあたり，幼稚園や学校現場で，まず求められることは，当事者である子どもの声を聴くことである。ことばを発することが難しい子どもの場合でも，その子どもの尊重すべき考えがあることを前提に養育者の協力も得ながら聴こうとすることが必要である。そして2021（令和3）年5月には，「障害を理由とする差別の解消の推進に関する法律」（いわゆる「障害者差別解消法」）は改正され[2]，施行後には，この合理的配慮が，民間事業者（保育所，幼稚園等も含む）においても義務化されることとなったのである。

第3節　インクルーシブ教育の実際──もう一つの多様性

本節では，事例を通して，インクルーシブ教育において重要な概念を考えていくこととする。

（1）【事例1】子どもへのまなざし：自己肯定感を育む

　ある保育園の参観日に行ったときのことです。その四歳児クラスにはADHDの子どもが二人いました。紙とハサミの製作をしているときの

ことです。母親が来てくれたのがうれしくて，ちょっとやっては振り向く，ということを二人は繰り返しています。驚くことに「見ているよ」という母親のまなざしだけで二人とも普段よりもはるかに長い間着席して取り組むことができているのでした。

　しばらくして一人の子の母がメールをみようと携帯電話を開いた直後，その出来事が起きました。母親が自分を見ていないことが分かった瞬間に，その子どもは席を立ち教室の隅の方に突っ走るとそのまま何もいわず床に寝転んでしまいました。母親も保育士もあっという間のできごとに，ああ，またいつもの状態になってしまった，と思ったようでした。

　「どうしたのかな，ほらもうちょっとだよ」などと励まされながらも，結局彼は参観中に席に戻ることができませんでした。もう片方の子どもはというと，席を立つことなく見事に最後までやりきることができました。

　これは，小児療育の現場で長く相談にあたっていた武居が紹介する保育園の参観日の事例である（武居，2014）。

　ここには，日常的に落ち着いて製作をおこなうことが苦手な二人のADHDの子どもとその母親にみられた出来事が綴られている。二人のうち一人の子どもは，母親がずっとその子のことを見ていて，最後まで席を立つことなく製作をやりとげられたのに対して，もう一人の子どもは母親が携帯電話を見ているところ（つまり自分を見ていてくれなかったこと）に気づいて，それ以降，いつものように席に座っていられなくなってしまった。この落ち着かなくなった子どもの様子からみえてくることは，保育士や母親など身近な大人たちのまなざしは，ADHDなどの発達障がいのある子どもにとって大切な支えであり，安心感や励ましになっているということである。

　武居は，別の事例として，仕事に就いて自立している自閉スペクトラム症の青年からの手紙も紹介している。そこには「苦しいときには，子ども時代を思い出して心が落ち着けています」と，仕事でつらいときに，幼少期を思い出して乗り越えていることが綴られていたのである。なお，幼少期の彼のこだわり行動には，道路の側溝の蓋の穴から流れる水をのぞくということが

あった。

　そのこだわり行動に対する母親の様子について，「側溝の穴をのぞき込んでいるとき，お母さんはやめなさいといいませんでしたか？」ときくと，その青年は，「いいえ。母はいつもにこにこ笑って私を見守ってくれていました」と答えたそうである。自閉スペクトラム症など，発達障がいのある子どもは，他人に対して関心を示さないといわれることも多いが，このように自分に向けられたまなざしを受け取っている可能性もあるのである。

　こうした見立ては個別的・主観的なものともいえるため，慎重に考える必要はあるものの，発達障がいのある子どもたちにとって幼少期にあるがまま受容された経験と，身近な大人たちのまなざしは，その後に自己肯定感に進展していく可能性を示唆している。そうした経験が，その人を将来にわたって支えていくことになるかもしれないのである。

（2）【事例2】子どもの声を聴くということ：一人の人の多様な面

　つぎは小学校の事例である。大阪市にある大空小学校元校長の木村は，その著書（木村・高山，2019）のなかで「思い通りにならない子こそが『学びのリーダー』である」ということを，自身の失敗談も交えながら紹介している。

　　校長である私が，朝会で長い話をしていた時のことです。「これは大事やから，みんな，聞きや」などと，私は一生懸命話していました。子どもたちは，そんな「お説教」を聞きたくないけれど，一応聞いたふりをしています。そこでMくんが，パッと立って，「校長先生，お話，終わり」と言ったのです。そのMくんは，一年生で入学してきた時，「イヤ」という言葉だけを獲得していた，知的障害と診断されている子（です）。Mくんが「校長先生，お話，終わり」と言った瞬間，講堂中にいるすべての子どもたちと大人は，Mくんをまるでスーパースターのような目で見ていました（笑）。（中略）
　　何が言いたいかというと，Mくんが，ものすごい言葉を発したということです。みんなの前で，みんなの気持ちを代弁した，ものすごい言葉

を，です。この瞬間，まさに，Mくんが学びのリーダーだったんです。

　あとから職員室で，「もし，あの時に『支援担当』といった教員が横にいたら，どうしていたかな？」という話になりました。校長が一生懸命に話をしていた時に，「ここで何か言わせたらあかんと考えて，『座りなさい』とやっていたかもわからんな」とか「『Mくん，しーっ』って，Mくんがしゃべるのをストップさせたかもわからへん」という話になりました。

（中略）

　まさに，そこが問題だと思うんです。「どちらが大事なんだ？」という話です。「つまらない校長の話を聞くこと」と，「子どもを育てること」。このどちらが大事なのかということを，きちんと考えてみる必要があるんです。本当に大切な話であれば，暑くたって何だって，子どもは勝手に聴きます。けれども，あの時は，私が「今から大事な話をするから，聞きなさい」と，校長としての権威を単に振りかざしていただけなのです。あの場面は，「そんな自分を，どう変えるんや？」という私自身の，ものすごく大きな学びの瞬間だったのです。

　この事例からは，Mくんの発言を，どのように受けとめるのかという私たち側の姿勢が，まず問われることになる。校長の話は，やはり静かに聞くべきだと考える場合は，Mくんの行為は指導して改めるべき行為となろう。しかし，木村のように，Mくんの声を受けとめて自らの姿勢をふり返る契機とする可能性をこの事例は示している。Mくんから私たちが学ぶ可能性があるということである。Mくんが学びのリーダーというのはこういう意味である。

　この状況をもう少し周りの他の子どもも含めて見直してみると，子どもたち一人ひとりがあるがままの姿を日常的に受けとめられているところだから，Mくんの発話も，自然に受けとめられたということである。つまり，本当に「すごい」ことは，Mくんを彼の突然の発話も含めて，あるがままに受けとめている状況が，日常的に存在しているということなのである。こうした状況は，障がいのある子どもと周囲の子どもや大人との関係性から生みだ

されていることは明らかだろう。

　重要なことなので，この場面をもう少し掘り下げてみてみると，周囲の誰もが，Mくんの発話を，善悪などで判断していないということがわかる。だからこそ，木村のように，虚心坦懐にMくんの声に耳を傾けることもできるし，そこから学びも生まれるのである。そしてMくんからみれば，判断されたり，止められたりすることなく，みんなに声を聴いてもらえる状況が生み出されているのである。

　木村は，この大空小学校が2006（平成18）年に開校したときに校長として着任し，それ以来，障がいのある子どもも通常学級でともに学ぶ実践を行ってきた。なかには，授業中に席を立つ子どもや声をあげる子どももいたため，当初は，一部の父母から「あんた，あんな教室で勉強できるの？」と，通っている子どもの方が，言われることもあったという。それに対して，この小学校に通っている子どもが，「そんなことないで。あいつ，あれでもええとこあるで」と，答えるようになっていたという（木村・高山，2019）。

　このように一人の人には，多様な面があるということを，周囲の子どもたちが理解しているのである。私たちは多様性というと，多様な人々がいるということを考えてしまうのであるが，そもそも誰もが一人で多様な面を持っているものである。それゆえ，多様性というときには，一人の人の多様な面も考える必要がある。ここに，周囲の子どもや大人たちがMくんを受けとめる機序も見いだせる。すなわち，Mくんにもいろいろな面があるということを認めていたことから，彼への判断をせずに，Mくんの声を聴くことができていたのである。

　インクルーシブ教育とともに使われる機会の多い，多様性という概念については，「多様性は不干渉と表裏一体になっており，そこから分断まではほんの一歩なのです。『多様性』という言葉に寄りかかりすぎると，それは単に人々がバラバラである現状を肯定するための免罪符のようなものになってしまう。（中略）いかにして異なる考え方をつなぎ，違うものを同じ社会の構成員として組織していくか」と，伊藤（2020）も指摘している。つまり，多様な面を持っているのは誰もが同じなのである。そのことに気づけば，一緒に学ぶにはどうすればよいのか，子どもたちが自分自身で考えるようにな

り，折り合いをつけられるようになるということである。なぜなら，自然に
お互いさまだということを納得しているからこそ，「あいつ，あれでもええ
とこあるで」と，言えるのであるし，【事例1】で，子どものこだわり行動
に口を出さなかった母親も，にこにこと笑って見守っていられたのだろう。
多様性についても，このように考えていくことが，本当の意味でのインクル
ーシブ教育に通じるのである。

■注
1) 高機能自閉症とは，知的障がいには含まれない自閉症のことである。なおこの高
機能自閉症は，このあと米国精神医学会が 2013 年に発表した診断基準の『DSM-
5』において，自閉症，アスペルガー症候群とともに，自閉スペクトラム症
（ASD）に包括されることとなった。
2) この改正の施行は，公布の日（令和3年6月4日）から起算して3年を超えない
範囲内において政令で定める日となっている。

■引用文献

東田直樹『自閉症の僕が跳びはねる理由──会話のできない中学生がつづる内なる
心』エスコアール，2007 年
東田直樹「心のふるさと 希望──今日を生きる活力」『幼児教育じほう』47（4），27-
29，2019 年
東田直樹・山登敬之『東田くん，どう思う？──自閉症者と精神科医の往復書簡』角
川文庫，2019 年
伊藤亜紗『手の倫理』講談社選書メチエ，2020 年
木村泰子・高山恵子『「みんなの学校」から社会を変える──障害のある子を排除し
ない教育への道』小学館新書，2019 年
武居光『子ども相談ノート～統合保育のみちしるべ』S プランニング，2014 年
障害者福祉研究会編『ICF 国際生活機能分類──国際障害分類改定版』中央法規出版，
2002 年

■課題
1. インクルーシブ教育（保育）には，どのような特徴があるか。その特徴について説
明してみよう。
2. 教育（保育）において，一人ひとりの特別な教育的ニーズに応じて子どもを分ける

コラム　当事者の声を聴く──東田直樹（作家）

　『自閉症の僕が跳びはねる理由』は，会話の難しい自閉スペクトラム症で，当時 13 歳の中学生だった東田直樹が書いた著書である。この本は，その後，アイルランド在住で自身にも自閉スペクトラム症の子どもがいる作家のデイヴィッド・ミッチェルによって英訳され，現在は世界 30 カ国以上で出版されている。

　タイトルにある跳びはねる理由について東田は，「……僕は跳びはねている時，気持ちは空に向かっています。空に吸い込まれてしまいたい思いが，僕の心を揺さぶるのです。跳んでいる自分の足，叩いている時の手など，自分の体の部分がよく分かるから気持ち良いことも，跳びはねる理由のひとつです……」と書いており，その説明はクリアーである。もちろん，東田自身も言うように，こうした説明が自閉スペクトラム症を代表する訳ではないのかもしれない。それでも，他の自閉スペクトラム症の方にもしばしばみられる跳びはねる行為について，何らかの理由が存在する可能性を考えられるようになっただけでも，救いになった人は多いと思われる。

　東田は，幼稚園時代について「みんなから注意を受けるたび，僕は自分が『悪い子』なのだと知りました。どれだけ僕が『よい子』になりたかったか，誰にもわかってもらえなかったと思います。（中略）だからといって，僕が普通の幼稚園に通園したことを後悔しているかと尋ねられれば，そんなことはないと答えるでしょう。（中略）やはり幼稚園が好きだったからだと思います。そこにいるみんなに，会いたかったのです」と書いている。さらに，「障害のある子どもが，普通の子どもたちと一緒にいるのは，かえってかわいそうだという意見もあります。けれど，障害者は，障害者だけの世界で生きることを本当に望んでいるのでしょうか」と，障がいのある子を分離することについて疑問を呈している。そのうえで，「自分ができることを精一杯やって，人の役に立ちたい。社会で生きていくために必要なこの気持ちは，共に育ってこそ生まれるものです」と，多様な子どもたちが一緒に育つ必要性を訴えている。彼自身，小学校 5 年生まで通常学級に通い，その後中学卒業まで特別支援学校へ転校し，高校では，再び通信制の通常の高校を選んでいる。このように，まさに多様な保育・教育を経てきた彼の言葉に，教育・保育にかかわる者は，耳を傾ける必要があると考える。

場と，他の子どもと分けずに一緒に実践する場について，それぞれの教育的効果について検討してみよう。
3.「私たち抜きに私たちのことを決めるな（Nothing About Us, Without Us）」というモットーを，教育や保育の現場で実現するために必要なことを，具体的に考えてみよう。

■参考図書

福岡寿『こうすればできる！発達障害の子がいる保育園での集団づくり・クラスづくり』エンパワメント研究所，2013 年

東田直樹『自閉症の僕が跳びはねる理由——会話のできない中学生がつづる内なる心』エスコアール，2007 年

木村泰子・高山恵子『「みんなの学校」から社会を変える——障害のある子を排除しない教育への道』小学館新書，2019 年

第15章 | 学びと育ちをみる視点

　本章では，出会った子どもの学びや育ちを理解することについて検討していく。まず，教育評価の営みについて説明し，目標を必要とする「学習」と目標を必要としない「学び」それぞれをとらえる方法について概観する。次に，評価の対象となる「できる」ということをどのようにとらえるかについて検討する。その上で，かかわりあいのなかで生じる「学び」と「育ち」をとらえていく姿勢としての二人称的アプローチと方法としてのポートフォリオを紹介する。

キーワード

教育評価　オルターナティヴ・アセスメント　ポートフォリオ　ドキュメンテーション

第1節　学びと育ちをどうとらえるのか

　実際に出会った子どもたちの「学び」や「育ち」を理解しようとするときには，どのようにとらえていくことになるのだろうか。「学習」「発達」の知識を理解したからといって，「学習」「発達」そのものが，子どもと出会ってすぐみえるというものではない。また，「学習」や「学び」をとらえるというと，これまでの学校生活で体験しているものとしてのテストが思い浮かび，テストをすればとらえられるのでは，と考える人もいるだろう。この「学習」「学び」をとらえるときに思い浮かぶ，日常で経験してきたテストは，もう少し大きな概念としての「教育評価」の一部である。まず，その学校場面における教育評価とは，どのようなものであるかをみてみよう。

（1）教育評価とは

　教育の営みにおける評価というと，テストでの点数，成績評価などが思い浮かぶことだろう。そして，その結果がよいか悪いかということに視点がいきがちであったと思われる。しかし，教育評価とは，そのようなラベルはりをすることが目的ではないと位置づけられている。すなわち，教育評価とは，教師の教育実践と子どもの学習活動をよりよいものへと高めていく一連の活動と定義されている。学習活動をよりよいものにしていくために必要な評価とは，教師がよりよい指導をするためのものであり，幼児・児童・生徒がよりよい学習を進めていくためのものであり，さらに，教授方法や教材などの効果を研究するためのものである。また，クラス分けなどの選抜・振り分けなど学習にかかわる管理をするためのものもある。

　なかでも学習のプロセスをよりよくするためには，学習を始める時点での基礎となる知識の確認としての診断的評価，学習途中での形成的評価，そして，学習活動の終了後の総括的評価が位置づけられている。大学の授業においても，毎回の授業でのコメントペーパーや小テストなどで学習者の理解を確認しながら指導の方法を考えていくように，学習目的でも指導・研究目的でもある。学期最後のレポートやテストなどを考えると，子どもたちにどのような力が身についたか，という学習の成果が教育評価ととらえられがちである。しかし，このような，いわゆるテストにも，教師が指導の改善を図るというかたちでの側面もある。

（2）学習の評価，学びの評価

　第７章で「学習」と「学び」について検討した際，目標を必要とする「学習」と目標を必要としない「学び」ということを考えた。松下（2010）は，その議論も踏まえて，「学習」の評価は，行動を要素的・量的・客観的に把握するのに対し，「学び」の評価は，ふるまいのよさを全体的・質的・間主観的に価値判断すると述べている。この二つの評価は理念型であり，実際におこなわれている評価は，中間型であったり，混在型であったりするとされ

る。

客観的に測るということ

まずは，「学習」の評価，行動を要素的・量的・客観的に把握するとはどのようなことかをみていこう。

たとえば，第2章では身体運動の発達・発育について学んだ。この身体運動の発達・発育はまさに身長や体重という要素を，ある単位（ここでは長さや重さ）で，客観的に測ることによってとらえることができる。

また，第9章で学んだ記憶の実験のように，記憶についてこの数列もしくは言葉を覚えることと定義して，それがどのくらい記憶されていたかを測ることによって，とらえることもできる。さらに，第11章で学んだ知能検査，発達についての発達検査など，それぞれ，子どもの知的な能力や発達の状態について，標準化と呼ばれる手続きをとってつくられた基準にあわせて，子どもの特徴をとらえることができる道具もある。知能や発達について，「知能とは」「発達とは」このようなものであることを定義し，それが各年齢でどのようなものかを調べたデータを基準とし，その子の知能や発達の状態を数値でとらえることができるため，その結果はわかりやすいものである。

しかし，このようなわかりやすい数値でとらえた結果を，正しいもの，固定したものととらえることの危険性もある。すでに学んだように，たとえば知能ひとつをとっても多様にとらえる軸がある。検査を用いて，その子どもがこれしかできないと理解するのではなく，ある数字が示しているのは何であるのかをよく理解していこうとする姿勢が必要になる。どのような知能検査も発達検査も，ある「特定の能力」について測ったものであり，その検査が何を測っているのか，よく検討する必要がある。

また，そのときの検査の結果は，検査した時点でのことである。子どもに限らず人は，日々かかわりあい育ち学んでいく存在である。ある検査の結果が低いからこの子どもは特定のことができない，という固定した見方で判断して子どもをみることは教育的ではない。ヴァン・マーネン（van Maren, M.）は次のように述べている。

ひとたび私が，一人の子どもを「注意欠陥障害」と呼んだり，一人の子どもを「問題行動」あるいは「低学力の子ども」としてみたり，あるいは，私がその子を特別な「学習スタイル」特定の「認識のし方」を持っている子どもと見なすと，私はすぐに，その子に特定の教授法，あるいは行動療法なり医療的解決を求めて，専門的な技巧を探そうとする。ここで起こることは，私が真にその特定の子に耳を傾け，見つめようとする，その可能性を無視することである。その子を，本当の囚人のように，抑圧的なカテゴリー化された言葉で扱うようになる。子どもたちを技術的，診断的あるいは道具的言語で取り扱うことは，実際のところ，精神的遺棄とも言える。（ヴァン・マーネン，2003, p.53）

　真に目の前の子どもの声に耳を傾けていくこと，可能性を探究していくことが，教育的な場面で求められることである。
　では，ここで紹介してきた要素的・量的・客観的な評価や検査は全く必要ないかといえばもちろんそうではない。子どもの「今」を理解し，その子どもが今どの方向へ成長しようとしている状態であるかを考えることは保育や教育の場で子どもとかかわる上で重要である。要素的・量的・客観的な評価や検査をみるときは，その評価や検査がどのような「測り方」でその結果が出ているかも含めて，固定的・その子の結果としてではなく，状況的，関係的にみることが大切である。

オルターナティヴ・アセスメント

　さて，次に「学び」の評価についてみていこう。ふるまいのよさを全体的・質的・間主観的に価値判断する，とはどのようなことだろうか。松下（2010）は，「1980 年代，認知科学には，機能主義・表象主義・計算主義を特徴とする情報処理的アプローチから，関係論・状況論・身体論などを組み込んだアプローチへのパラダイムシフト」（松下，2010, p.442）があり，これを背景に，評価論にもオルターナティヴ・アセスメントが登場してきたと位置づけている。
　このオルターナティヴ・アセスメントの方法には，パフォーマンス評価，

真正の評価，ポートフォリオ評価などがある。ポートフォリオ評価については，この章の最後で検討する。また，真性の評価は，「生徒が知識や技能などを使って，仕事場や市民生活など現実世界の課題と類似した，本物らしさ（真正性）を持った課題に取り組むことを要請する評価の方法」（松下，2010，p.444）とされる。その文脈が「真正」であることに重きが置かれているが，実際の評価としてはパフォーマンス評価と一致することが多いとされているので，ここでは，パフォーマンス評価について詳しくみていくこととする。

パフォーマンス評価とは，課題や活動についての実際のパフォーマンスを通しておこなわれる評価である。「ある特定の文脈のもとで，様々な知識や技能などを用いておこなわれる人のふるまいや作品を，直接的に評価する方法」（松下，2010, p.445）とされる。フィギュアスケートや，ピアノの演奏，美術の作品などの評価の仕方がわかりやすい。これらの演技や演奏，作品について，複数の専門家が，何らかの基準にしたがって評価をする。

このようなパフォーマンス評価について，学校の文脈では，ルーブリックが用いられることが多い。パフォーマンスの質を段階的に評価するための評価基準で，多くの場合，観点（次元）とレベルからなる二次元の表で示される。たとえば，木暮・岸（2005）によるプレゼンテーション評価研究で作られたルーブリックの観点は，「一番伝えたい内容は何かはっきりしていた」「図表や写真の配置や枚数が適切だった」「自分らしさが出ていた」「資料が吟味され発表者がその資料について熟知していた」「結論が明確に伝わるような話の流れ（ストーリー）になっていた」というものがあげられている。また，この観点それぞれに5段階の状態が示される。「一番伝えたい内容は何かはっきりしていた」であれば，「一番伝えたい内容が明瞭であり，発表者の意図も理解できる」「一番伝えたい内容が明瞭に理解できる」「一番伝えたい内容が理解できる」「伝えたい内容が曖昧である」「何を伝えたいのか理解できない」の5段階になっている。

このようなルーブリックを実際にプレゼンテーションやレポートなどの評価で，使用したことがある人もいるかもしれない。その際，教員から提示された基準で評価をしてみた場合もあれば，基準自体を自分たちで検討した場合もあるだろう。このルーブリックを作る過程で，どのようなプレゼンテー

ションがよいか，レポートがよいか，明示的に考える機会ともなるので，学習者自身が評価の基準を考えることもある。

　ところが，ルーブリックを用いることで，明示的になるという特徴はまた，質的なものを量的に数値化していることになる。つまり，そもそものオルターナティヴ・アセスメントが目指していた，ふるまいのよさを全体的・質的・間主観的に価値判断することが揺らぎ，むしろ要素的・量的・客観的に把握することに近づいてしまうのが，この評価の難しいところである。

　その意味で，「学び」の評価は，そもそも「学び」ということ，そしてその成果である「できる」ということを現代の文脈のなかでどのようにみていくのかということが課題になる。

第2節　「できる」ということをどうみるか

（1）現代社会で必要とされる「能力」

　現代社会は，VUCA の時代といわれる。VUCA とは，Volatility 変動性，Uncertainty 不確実性，Complexity 複雑性，Ambiguity 曖昧性の頭文字をとったものである。このような先がみえない時代に，学びという営み，そのなかで力を身につけ何かが「できる」ようになることは，どのようなものとしてとらえられるのだろうか。

　ヘックマン（Heckman, J. J., 2015）の研究を皮切りに，乳幼児期の教育・保育への投資効果が指摘されているが，そこで重要だとされる乳幼児教育・保育のあり方は，教師が教え，子どもはその教えを受動的におこなうような活動ではなく，子どもが自ら主体的に学ぶものである（第12章参照）。また従来の学習で重視されていた認知能力だけではなく，いわゆる非認知能力が注目されるようになったのもこの文脈である。第11章でみたように，非認知能力という言い方は，正確ではないが，従来の「学習」で身につける知識や「できる」ようになることだけではなく，社会情緒的能力，感情のコントロールや自己理解や他者理解にかかわることも，現代社会に必要になった「学び」のなかに含まれるようになったともとらえられる。そのような学びの必

要性から，子どもの主体的な活動，21世紀型スキルを育むアクティブ・ラーニングが提唱されている。

（2）「できる」とはどういうことか

佐伯（2004）は，「わかる」ということが大切だということを考えていく際に，必ず出てくる批判としての「できる」ということの方がもっと大切という主張に対して，反駁している。その議論を紹介しよう。

「わかる」ことより，「できる」ことが大切だと主張する論拠に，まず「基礎学力の訓練重視」がある。すなわち，ものごとを「わかる」ためには，必要な基礎技能があり，そういう基礎技能ができなければ，わかるはずがないという主張である。漢字や計算の技能，またそれぞれの教科に合わせて，このことができるようになっていないと，先への学習が困る基礎技能について，まずは，それをきちんと取り出して，十分訓練，練習しておく必要がある，という考え方である。

また，子どもが何かについて「わかる」といっても，子どもが本当にわかったかについては，何かの行為が「できる」客観的な評価が必要であるという主張もある。この場合，「教授目標の明確化」，子どもがどういうことについて，どこまでできるようにすることか，授業を計画的にしておくことが必須であるという主張でもある。

さらに，「生きて働く学力の重視」もある。知識は，頭のなかでわかっていても，現実場面で生かされなければ，つまり，現実の世界で出会う問題解決が「できる」状態でなければ，本当にわかったとはいえないという主張である。

この「基礎学力の訓練重視」「教授目標の明確化」「生きて働く学力の重視」という「わかる」より「できる」が大事とする主張は，確かにもっともらしく聞こえるのではないだろうか。

しかし，佐伯は，それぞれが「できる」ことは確かにのぞましいことであるが，議論がこれらを「できるようにする」ことになっていく時点で，学びの主体が子どもではなく教師になっていることを指摘する。

「基礎学力の訓練重視」からみてみよう。確かに読む，書く，計算ができることはのぞましい。だが，読む，書く，計算が効率的にできるようにするために，漢字の書きとり練習や計算練習をひたすら課していくのがよい，ということではない。基礎学力というものを抽出して練習させることは，知識の文脈性，文化的意義に対する注意を奪う。子どもは，勉強というものは常に意味のない練習であるという考え方を，むしろ学んでいくことになる。漢字を学ぶことは，本来，読みたいこと，書き表したいという「学び」とともにあるものであり，計算も，日常のなかで必要なこととともにある。そのような学びのもとでは，基礎的技能が「できる」ことと，それが基礎的であることが「わかる」ことは一体となっている。

　「教授目標の明確化」と「生きて働く学力の重視」についても，文化的意義と切り離されることが問題である。教授目標が，子どもができるべきことのリストになったとき，意味の世界と切り離された練習となる。また，生きて働く学力は，つまり現実世界で知識や技能を生かし，発揮するということであり，まさに文脈のなかでできること，わかることを指しているのではないかと思うかもしれない。しかし，そういう理想的な人が「できる」ことを目指して教えるとなった途端，これも，子どもにとっては，できねばならない，学ばねばならないものに転換する。その意味で非認知能力，社会情緒的能力も学ばねばならないものとなったとき，なおさら，子どもにとっては苦しい世界にもなりうる危険がある。

　ここまでみてきて「できる」ではなく「わかる」を大切にすること，文化的実践のなかでの「主体的・対話的で深い学び」となるためには，日々育ち学んでいる子どもの姿を理解すること，子どもが自ら何をしようとしているかを理解することが基盤となる。ここでの子ども理解は，子どもたちの活動を「できた」か「できなかった」か，ある能力を身につけたか，まだ身につけていないかという，あらかじめある基準やものさしで評価をすることではない。そのような評価は，教師が子どもに教える，「できる」ことを押しつける一方向な形につながりやすい。そのような知識注入の銀行型教育ではなく，多様な子どもそれぞれの学びを支えるには，生き生きとした子どもたちの活動のありようそのものを理解しようと，子どもたちの声に聴き入ること

が必要とされる。子どもの声に聴き入ることとは，第13章「対話的な学びを考える」でみたように，子どもたちの表現がまさに多様であり，そのような子どもの存在からの尊厳を尊重したかかわりが大切であり，まずはその声に謙虚に聴き入ることが大切であることを示している。

そして，そのような子どもの声に聴き入ることから，文脈関係のなかの出来事として学びをみることが可能になり，周囲の他者やモノとの関係のなかで立ち現れてくる子どもの姿がみえてくる。佐伯（2001）は，次のように述べる。

　　たとえば，通常の実体論的な考え方からすれば，子どもの「能力」というのは，それを保有する人が「頭の中」に「持っている」「力」であって，それは個人差はあっても，元来「固定」されており，客観的な方法で「測定」できるはずのものとされる。そこから，様々な「能力」の測定方法が考案される（事実，されてきた）。しかし，関係論的な立場に立てば，「能力」というのは，様々な状況のなかで，様々な人やモノ，あるいは目的などとの関係のなかで，人が行う実践活動を通して立ち現れる（可視化される）現象だとされる。（中略）関係論的発達論では，人の「発達」を個人の（頭の中の）認知構造の変化という見方をしない。そうではなく，発達というものを，子どもが生きている社会，世界，共同体，そこでの人々の営み，活動などとの「関係」のありようの総体の変容としてとらえるのである。（佐伯，2014, pp.93-94）

「能力」，つまり何かが「できる」という，これまで個人の枠組みでとらえていたことを，実践のなかで，関係のなかでみていくことが必要なのである。

第3節　子どもの育ちと学びをみるということ

（1）二人称的アプローチ

教育実践において学びや育ちといった「現象」を関係的にとらえようとし

たとき，まずは詳細に記述することが試みられるだろう。いわゆる客観的な「三人称的記述」である。筆者は以前，保育現場で撮影された赤ちゃんの様子を記述する際，まずは赤ちゃんの動きと赤ちゃんの動きにともなって生じるモノの動きのプロセスをできるだけ詳細に描くことを試みてみた。しかし，この「三人称的記述」の試みから，赤ちゃんの持っているモノに対する行為の「法則」「理論」を推測することや赤ちゃんという「個」の様子はある程度描かれたものの，この保育実践の「現象」は一向にみえてこなかった。

　では，この場面にかかわる赤ちゃんになったつもり，もしくは保育者になったつもりの記述であれば，この保育実践の現象が描けるかというと，それも筆者自身が観察するという立場であったこともあり難しかった。この記述の試みはいわゆる「一人称的記述」の試みであった。「私」という一人称を基盤として，この場面での赤ちゃんの気持ちを理解しよう，記述しようと試みたが，結局それは赤ちゃんという対象を「私」の経験や様々な人との出会いを通した発見や気づきを想起して，今みる赤ちゃんの「意図」や「気持ち」と通じ合う思いをさぐるものであったが，それでは私とは異なる「他者」である赤ちゃんの経験に本当に迫るという可能性は閉じられていることに変わりはなかった。

　そのように試みてみた上で，自分とは異なる「人間」としての赤ちゃんがどうであるかに，本当に迫る理解を求めたときに行き着いたのが第 1 章で紹介した二人称的かかわりあいにアプローチする「二人称的記述」であった。レディ（Reddy, V.）が日常の「直接的なかかわり」，情感を伴う現象の豊かさに注目したように，赤ちゃんの表情，とくに笑顔や視線に注目し，それに思わず応答している自分に気づきながらの記述を試みた。そのように記述を試みたとき，三人称的に客観的にみえたことをもとに推測しなくとも，もしくは一人称的に赤ちゃんがどのように感じているかを自分なりの思いを持ち込んで解釈しなくとも，赤ちゃんが「関心を持っていること」，そして「おもしろがっていること」，赤ちゃん自身の実感がそのまま伝わってきた。

　レディは，「子どもが世界と二人称的にかかわりあう」驚くべき世界があり，そのような驚くべき世界は「大人が子どもに二人称的にかかわりあう」ことによってみえてくると述べている。子どもの学びや育ちをとらえよう

することは，まさに対象に二人称的にかかわる子どもの世界に保育者や教師が二人称的眼差しを向け，かかわりあう必要があるのである。

（2）ポートフォリオ・ドキュメンテーションの可能性

このようなかかわりあいをどのように記述していくことができるのだろうか。その道具として，ポートフォリオ，ドキュメンテーションについて紹介しておこう。

オルターナティヴ・アセスメントについて説明した際，ポートフォリオ評価について後で述べるとした。このポートフォリオという言葉のもともとの意味は，書類ばさみ，ファイルである。そして，ポートフォリオ評価とは，学習者の学びのプロセス，軌跡が見られるように，学習者自らが自分の作品をはじめ学びを示す様々な資料を収集・整理したものである。そのため教師のポートフォリオはティーチング・ポートフォリオと呼ばれ，注目され始めている。また，保育の現場では，子どもの育ちや学びの記録を，保育者が豊富な写真を用いて作成し，ドキュメンテーションと呼んでいる場合もある。

すなわち，子どもたちの日常の学びのプロセスを可視化，「見える化」するツールのひとつがこのポートフォリオ，ドキュメンテーションと呼ばれるものである。ドキュメンテーションは直訳すると，文書，記録であるが，近年の保育の分野では，写真を効果的に用いて，一人ひとりの子どもの姿を描き出し，発信するもの全般を指している。

このポートフォリオ評価は，第13章で紹介されたイタリアのレッジョ・エミリア市の先駆的な取り組みであるプロジェッタツィオーネやニュージーランドのラーニング・ストーリー（学びの物語）をはじめ海外でも，また，日本国内でも豊かな保育実践の営みには，何らかの形で埋め込まれている。そして，それらの実践記録に接すると，ポートフォリオ評価は，保育者と子どもとの，また，保育者と保護者との，さらには保育者同士，すなわち同僚との対話のツールともなっている。その対話により，子どもたちとの学びのプロセスが豊かになり，保護者にその学びのプロセスが伝わるものとなり，さらには，保育者との対話から，現在のクラス，子どもたちの理解を深め，

今後の保育の計画が生まれるものとなっている。さらには，保育者自身が，自分自身を振り返るツールにもなっている例もある。

　文章だけではなく，写真という視覚的な情報が，このような豊かな対話のツールとなる基盤であるととらえられる。そして，この営み自体が，学びや育ちの文化的実践に埋め込まれている。ポートフォリオ，ドキュメンテーションは，子どもたちの学びや育ちのプロセスを，かかわりあう大人の学びや育ちとともに考えていく際の有用な道具であるととらえられる。

（3）鑑識眼的評価

　松下（2002）は，従来の「目標準拠型評価」と対比して，「鑑識眼的評価」の必要性を論じている。

　目標準拠型評価は，二値理論，たとえば，合と否，肯定と否定，白と黒などを基盤とし，主観を排除し客観性を重視する。それによって量的な測定を志向している。そして，外部に目標が設定され，学習（教育・指導）の目標が学習共同体の外部から設定され，学習結果がその目標に到達したか否かが評価される。これまで「学習」をめぐって考えてきたことと重ねあわせてとらえられる。

　一方の鑑識眼的評価は，多様な側面に光をあて，それらの関係にも目配りしつつ，全体的な評価をする。肯定／否定の両面を持ち，欠点が長所であったりもする。すなわち欠点と長所や失敗と成功の両義性も大切にする。そして，学ぶことの目標は，実践共同体（当事者）の外部から与えられるものではなく実践のなかに埋め込まれ，学んでいく過程は，学び手自身の鑑識眼によって支えられている。その際，問題設定の適切さ，社会的重要性，独創性，先見性，わかりやすさ，説得力などを問題にしていく。つまりこれまで，「学び」として考えてきたことと重なってくる。ポートフォリオやドキュメンテーションは，子どもの声に聴き入りながら鑑識眼的評価を考えていく手がかりとなるととらえられる。

■引用文献

エドワーズ，C., ガンディーニ，L., フォアマン，G. 編『子どもたちの100の言葉
　　――レッジョエミリアの幼児教育』佐藤学・森眞理・塚田美紀訳，世織書房，
　　2001年

ヘックマン，J.J.『幼児教育の経済学』古草秀子訳，東洋経済新報社，2015年

木暮敦子・岸学「プレゼンテーション指導における評価項目の検討」『日本教育工学
　　会第21回全国大会発表論文集』839-840，2005年

松下佳代「学びの評価」佐伯胖監修・渡部信一編『「学び」の認知科学事典』大修館
　　書店，442-458，2010年

松下良平「教育的鑑識眼研究序説」天野正輝編『教育評価論の歴史と現代的課題』晃
　　洋書房，212-228，2002年

佐伯胖『「わかり方」の探究』小学館，2004年

佐伯胖『幼児教育へのいざない――円熟した保育者になるために［増補改訂版］』東
　　京大学出版会，2014年

レディ，V.『驚くべき乳幼児の心の世界――「二人称的アプローチ」から見えてくる
　　こと』佐伯胖訳，ミネルヴァ書房，18-19，2015年

ヴァン・マーネン，M.『教育のトーン』岡崎美智子・大池美也子・中野和光訳，ゆみ
　　る出版，2003年

■課題

1. 『幼稚園教育要領解説（平成30年3月）』『小学校学習指導要領（平成29年告示）
　解説 総則編』『中学校学習指導要領（平成29年告示）解説 総則編』のうち，自分
　の一番関心のあるものを選び，「評価」という言葉を検索し，どのような意味で使
　われているかを検討してみよう。

2. 保育園・幼稚園でのポートフォリオやドキュメンテーション（写真を用いた記録）
　の具体例を調べ，そこでの学びや育ちを検討してみよう。

3. 小学校・中学校での児童・生徒自身が自分の学びについてまとめた記録を探し，そ
　の意味を検討してみよう。

■参考図書

エドワーズ，C., ガンディーニ，L., フォアマン，G. 編『子どもたちの100の言葉
　　――レッジョエミリアの幼児教育』佐藤学・森眞理・塚田美紀訳，世織書房，
　　2001年

佐伯胖『幼児教育へのいざない――円熟した保育者になるために［増補改訂版］』東
　　京大学出版会，2014年

事項索引

人名索引

執筆分担 （執筆順・2022年2月現在）

岩田恵子（いわた・けいこ）
玉川大学教育学部教授
編者，第1章，第7章，第15章

近藤洋子（こんどう・ようこ）
玉川大学名誉教授
第2章

仁藤喜久子（にとう・きくこ）
仙台白百合女子大学講師
第2章

梶川祥世（かじかわ・さちよ）
玉川大学リベラルアーツ学部教授
第3章

高田　薫（たかた・かおる）
玉川大学教育学部非常勤講師
第4章，第9章

福田きよみ（ふくだ・きよみ）
桜美林大学健康福祉学群教授
第5章

丸林さちや（まるばやし・さちや）
東京教育専門学校講師
第6章

魚崎祐子（うおさき・ゆうこ）
玉川大学教育学部准教授
第8章

横山草介（よこやま・そうすけ）
東京都市大学人間科学部准教授
第10章，第12章，第13章

高平小百合（たかひら・さゆり）
玉川大学教育学部教授
第11章

角田雅昭（かくた・まさあき）
相模女子大学学芸学部准教授
第14章

<ruby>教<rt>おし</rt></ruby>えと<ruby>学<rt>まな</rt></ruby>びを<ruby>考<rt>かんが</rt></ruby>える<ruby>学習<rt>がくしゅう</rt></ruby>・<ruby>発達論<rt>はったつろん</rt></ruby>

2022年2月28日　初版第1刷発行

編著者 ──────── 岩田恵子

発行者 ──────── 小原芳明

発行所 ──────── 玉川大学出版部
　　　　　　　　〒194-8610　東京都町田市玉川学園6-1-1
　　　　　　　　TEL 042-739-8935　FAX 042-739-8940
　　　　　　　　http://www.tamagawa.jp/up/
　　　　　　　　振替　00180-7-26665

装幀 ──────── しまうまデザイン

印刷・製本 ──── モリモト印刷株式会社